Inhaltsverzeichnis

s-Schreibung

A Drei Möglichkeiten der s-Schreibung

Zunächst wiederholen wir **die drei wichtigsten Regeln** für die Schreibung des s-Lautes:

REGEL

1 Das **s** kann sowohl **nach einem kurz als auch nach einem lang gesprochenen Vokal** (Selbstlaut) stehen. Am **Wortanfang** kommt immer **nur s** vor. Es wird als einziges s **stimmhaft** („**summend**" = „**Bienen-s**") ausgesprochen. Nur wenn ein **Konsonant** (Mitlaut) folgt, klingt es stimmlos („**zischend**"):
   Sonne, raus, Rasen; Mist, Rast, fast, lustig

2 Das **ss** kommt **nach** einem **kurz** und **betont gesprochenen Vokal** vor. Es wird **stimmlos** („**zischend**" = „**Schlangen-s**") gesprochen.
   küssen, fassen, lassen, Tasse

3 Das **ß** kommt nach einem **lang gesprochenen Vokal** und **nach Zwielauten** vor. Es wird ebenfalls **stimmlos** („**zischend**") gesprochen.
   außen, Fuß, heißen, Gruß

TIPP

Von welchem Wort leitet sich dieses Wort ab?
Verwandte Wörter, also solche, die man voneinander ableiten kann, schreibt man immer mit gleichem **s-Laut**:
lesen – las – Lesevergnügen; fassen – fasste – Fassung; Gruß – grüßte – Begrüßung

ACHTUNG

Ändert sich bei Wörtern mit ss oder ß, die zu einer Wortfamilie gehören, die Länge des Selbstlautes, ändert sich auch die **s-Schreibung**. Achte daher genau auf die **Länge des Vokals** vor dem s-Laut!
Ist der Vokal **kurz**, dann schreibt man ss → *lassen*
Ist der Vokal **lang oder** ein **Zwielaut**, dann schreibt man ß → *ließ*

1 Suche im Gitter alle neun Wörter mit s. Ringle sie ein und schreibe sie dann auf die Zeilen. Achte auf die Groß- und Kleinschreibung. Sie sind von links nach rechts oder von oben nach unten geschrieben.

A	C	H	S	E	L	B	Z	O	P	H	Ö	A	R
D	T	A	R	Z	N	R	H	A	D	I	G	B	Ä
N	I	E	S	E	N	Ö	H	E	p	N	M	W	Ü
W	R	R	W	H	Z	S	B	O	Z	D	L	Ä	Q
U	Ö	Q	Ü	Y	R	E	P	A	T	E	J	R	L
C	S	S	F	A	F	L	F	Ö	B	R	M	T	D
A	S	U	D	Q	B	X	K	S	K	N	A	S	F
Q	A	E	V	L	Ö	S	E	N	A	I	H	I	V
G	E	S	P	E	N	S	T	F	Z	S	H	Ö	X
L	G	R	Ä	U	S	P	E	R	N	R	T	H	X
H	E	I	L	S	A	M	T	A	A	N	G	S	T

Achsel, _____

_____

2 Suche im Gitter alle neun Wörter mit ss. Ringle sie ein und schreibe sie dann auf die Zeilen. Achte auf die Groß- und Kleinschreibung. Sie sind von links nach rechts oder von oben nach unten geschrieben.

B	I	S	S	C	H	E	N	Ü	Q	K	G	X	B
L	G	I	I	O	N	K	Z	P	Z	A	N	O	R
A	R	O	A	L	G	P	Ü	M	D	S	E	U	F
S	M	H	E	K	H	R	T	A	Z	S	P	U	A
S	D	Z	U	B	K	E	T	S	H	A	K	E	S
U	H	F	H	A	H	S	P	S	T	I	W	P	S
N	B	A	V	B	F	S	U	E	X	P	E	O	E
G	E	N	U	S	S	E	T	Ö	D	J	W	Z	N
W	J	L	N	K	J	N	Ä	S	S	E	M	T	
O	T	A	F	L	Ü	S	S	I	G	Z	W	I	Ü
E	F	H	D	B	O	G	E	W	I	S	S	E	N

blass, _____

_____

3 Suche im Gitter alle neun Wörter mit ß. Ringle sie ein und schreibe sie dann auf die Zeilen. Achte auf die Groß- und Kleinschreibung. Sie sind von links nach rechts oder von oben nach unten geschrieben.

G	G	S	Z	U	Z	S	C	H	W	E	I	ß	I
I	R	C	R	ß	U	ß	ß	T	K	ß	E	T	K
E	ß	H	W	B	ß	Q	S	ß	Ö	S	A	I	J
ß	F	I	D	E	W	ß	ß	C	ß	T	D	P	H
E	ß	E	V	I	B	ß	X	T	O	O	P	L	G
N	U	ß	G	ß	K	F	L	E	I	ß	I	G	T
ß	J	E	ß	E	L	ß	T	H	I	E	ß	R	G
Z	M	N	M	N	Ö	O	K	G	D	N	D	H	F
D	R	A	U	ß	E	N	V	R	Y	U	Z	C	M
W	U	I	L	S	F	L	I	E	ß	B	A	N	D
E	Z	I	G	R	O	ß	E	U	Ü	Z	Z	K	P
W	A	S	O	ß	E	A	S	D	G	K	Ü	ß	Ü

gießen, _____

_____

_____

4 Setze s, ss oder ß in die Wörter ein. Wenn du unsicher bist, lies bei den Wörtern aus den Übungen 1 bis 3 nach.

abwärt *s*___   sto____en   bei____en

pre____en   nie____en   bi____chen

Ge____penst   Genu____   räu____pern

So____e   Gewi____en   flü____ig

Flie____band   lö____en   Ach____el

Ang____t   Nä____e   Ma____e *(Gewicht)*

bla____   Schwei____   flei____ig

Ka____a   Brö____el   gie____en

fa____en   drau____en   gro____

Hinderni____   schie____en   heil____am

Üben

5 In diese Wortliste haben sich fünf Fehler eingeschlichen. Finde und korrigiere
✱ sie. Die Wörter aus Übung 4 helfen dir.
✱
✱

abwärts	Angßt	stoßen
Näße	flüssig	Brösel
Soße	Gewissen	lösen
bisschen	räußpern	drausen
Hinderniss	Kassa	fassen
Fließband	groß	heilsam
blass	niesen	beißen

6 Finde die gleichen Wortpaare der Wörter mit s und streiche sie durch. Für
✱ welches Wort in jeder Box gibt es kein Gegenstück in der anderen Box? Kreise
dieses Wort in jeder Box ein. Schlage unbekannte Wörter in einem (Online-)
Wörterbuch nach.

~~abreisen~~ ▪ Bluse ▪ fast ▪ Insel ▪ Speise ▪ Vase ▪ Fantasie
rieseln ▪ Frisur ▪ damals ▪ Dose ▪ ebenfalls ▪ Eis ▪ riesig
Gesang ▪ Gans ▪ Gas ▪ Gemüse ▪ einkreisen ▪ Hals
pausieren ▪ rasen ▪ hänseln ▪ Karies ▪ leise ▪ Nashorn

Nashorn ▪ Eis ▪ fast ▪ damals ▪ Dose ▪ Bluse
Insel ▪ Fantasie ▪ rieseln ▪ Vase ▪ rasen
Gesang ▪ Speise ▪ Frisur ▪ Gans ▪ leise
~~abreisen~~ ▪ säuseln ▪ Gemüse ▪ Hals ▪ hänseln
pausieren ▪ Gas ▪ einkreisen ▪ Karies ▪ ebenfalls

7 Finde die gleichen Wortpaare der Wörter mit ss und streiche sie durch. Für
✱ welches Wort in jeder Box gibt es kein Gegenstück in der anderen Box? Kreise
dieses Wort in jeder Box ein. Schlage unbekannte Wörter in einem (Online-)
Wörterbuch nach.

~~Beschluss~~ ▪ Nuss ▪ lässig ▪ massieren ▪ besser ▪ blass
Dessert ▪ Sessel ▪ Adresse ▪ vermissen ▪ fassen
fressen ▪ gewiss ▪ hassen ▪ hässlich ▪ küssen ▪ lassen
messen ▪ wissen ▪ Schluss ▪ Abfluss ▪ nass ▪ Verschluss ▪ floss

Abfluss ▪ ~~Beschluss~~ ▪ wissen ▪ Nuss ▪ Adresse ▪ lässig
massieren ▪ hassen ▪ hässlich ▪ Schluss ▪ fassen ▪ gewiss
Sessel ▪ floss ▪ küssen ▪ lassen ▪ besser ▪ blass ▪ vermissen
Dessert ▪ verpassen ▪ nass ▪ fressen ▪ messen

Üben

8 Finde die gleichen Wortpaare der Wörter mit ß und streiche sie durch. Für welches Wort in jeder Box gibt es kein Gegenstück in der anderen Box? Kreise dieses Wort in jeder Box ein. Schlage unbekannte Wörter in einem (Online-) Wörterbuch nach.

> ~~vergaß~~ • groß • außen • barfuß • beißen • dreißig • fleißig
> Gefäß • gießen • Ruß • abfließen • gleichmäßig • großartig
> süß • außerdem • mäßig • begrüßen • stoßen • saßen • schießen
> schließlich • Weißbrot • zerreißen • genießen • Grießkoch • heiß

> heiß • süß • abfließen • dreißig • fleißig • saßen • schießen
> barfuß • Grießkoch • außen • groß • außerdem • mäßig
> stoßen • gießen • gleichmäßig • Weißbrot • zerreißen • Gefäß
> ~~vergaß~~ • Ruß • süßlich • genießen • schließlich • begrüßen • beißen

9 Sprich die verwandten Wörter laut aus und ergänze s, ss oder ß. Höre genau: Die Länge des Vokals (Selbstlaut) bleibt in einer Beispielkette immer gleich. Die s-Schreibung bleibt daher auch gleich.

1 passen – es pa_ss_t – pa____end – aufpa____en – anpa____en

2 grüßen – du grü____t – sie hatten gegrü____t – grü____end – der Gru____

3 grasen – die gra____enden Kühe – das Gra____ – die Grä____er

4 küssen – wir kü____ten uns – der Ku____ – einen Ku____mund machen –

   das Kü____chen

5 der Fuß – die Fü____e – die Fu____sohle – barfu____ durch den Sand laufen

6 das Haus – die Häu____er – häu____lich – das Gehäu____e – die Behau____ung

10 Sprich die verwandten Wörter laut aus und ergänze s, ss oder ß. Höre genau: Die Länge des Vokals kann sich ändern. Die s-Schreibung ändert sich dann bei ss/ß.

1 Essen – der E_ss_tisch – wir a_ß_en – wir haben schon gege____en

2 der Raser – er ra____t mit dem Bike den Berg hinunter – die Zeit vergeht ra____end

   schnell

3 schließen – jetzt ist Schlu____ – wir entschlie____en uns dafür – schlu____endlich –

   sie schlo____ die Tür – der Entschlu____ steht fest

4 fasten – er fa____tete eine ganze Woche – die Fa____tenzeit – eine Fa____tenkur

   machen

11 Sprich die verwandten Wörter laut aus und ergänze s, ss oder ß. Höre genau: Die Länge des Vokals kann sich ändern. Die s-Schreibung ändert sich dann bei ss/ß.

✳✳✳

1 flü_ss_ig, der Flu_ss_, flie____en, flo____, die Flü____igkeit,

die Flie____geschwindigkeit

2 e____bar, er a____, das E____besteck

3 verge____lich, er verga____, die Verge____lichkeit, verge____en

4 das Ga____, der Verga____er, die Ga____flasche, der Ga____kocher, ga____förmig

5 fa____en, er verfa____te einen Roman, ich fa____e es nicht,

etwas zusammenfa____en

6 kü____en, der Ku____, das Kü____chen, sie kü____ten einander

7 la____en, er lie____ die Tür offen, verla____ mich nicht, der Anla____

12 Füge Wörter aus der Übung 11 passend in die Sätze ein.

✳✳

1 Wasser ist bei Zimmertemperatur _flüssig_____, ab etwa 100 Grad Celsius wird es

zu Dampf, es wird _____.

2 Der Kinderbuchautor hat bereits sein vierzigstes Buch _____.

3 Die Sonne ging unter, Geigenmusik setzte ein und das „Happy End" nahte: Sie

_____ sich.

4 In Frankreich begrüßen sich Freunde und Bekannte meist mit drei _____

auf die Wange.

5 Er _____ die Tür offen und so konnte der Hund davonlaufen.

6 Diese Pilze sind giftig, sie sind nicht _____.

7 Beim Campen verwenden wir zum Kochen meistens einen _____.

8 Den _____ für den Streit habe ich _____,

ich kann mich wirklich nicht mehr erinnern.

9 Hast du den Film gut gefunden? Ich habe nicht verstanden, worum es eigentlich

ging. Kannst du die Handlung für mich kurz _____?

10 Du hast die Schlüssel liegen _____! Ich kann deine _____

nicht _____. Das ist ja kaum zu glauben!

11 Amina _____ den Wrap im Gehen ohne _____.

12 Die Sache wird bestimmt klappen, _____ dich darauf!

13

✳
✳

Ergänze das Verb (Zeitwort) in der richtigen Form. Achte genau auf die Länge des Vokals vor dem s-Laut.

1 *gießen*: Hast du gestern die Blumen _gegossen_____?

2 *fließen*: Wohin _____ die Donau?

3 *genießen*: Ich erinnere mich genau. Heute vor einem Jahr _____

ich den Sonnenschein am Palmenstrand.

4 *wissen*: Ich _____ nicht genau, ob ich das alles wirklich

_____ will.

5 *verfassen*: Wow, du hast einen wirklich tollen Text _____.

6 *lassen*: Der kleine Hund gestern _____ mein Herz schmelzen.

7 *beißen*: Wirklich? Und das, obwohl er dich in die Hand _____ hat?

8 *verdrießen*: Nein, das hat mich nicht _____.

9 *abschließen*: Der Nachtwärter _____ gestern um 23 Uhr alle

Türen _____.

10 *schießen*: Das Auto _____ gestern um 20.45 Uhr mit

überhöhter Geschwindigkeit durch den Gartenzaun.

11 *verlassen*: Nach dem Training vorgestern _____ Susanne sofort die

Sporthalle.

12 *zerreißen*: Wutentbrannt _____ er den Brief, nachdem er ihn

kurz überflogen hatte.

13 *schmeißen*: Wer hat die Turnschuhe ins Badezimmer _____?

14 *stressen*: Die Tests vorige Woche haben mich ordentlich _____.

15 *zusammenreißen*: Nachdem der ärgste Schmerz vorüber war, _____

sich Elvin _____ und lief weiter.

16 *essen*: Im vorigen Urlaub _____ wir viele exotische Gerichte.

17 *müssen*: _____ du die Musik wirklich so laut aufdrehen?

18 *passieren*: Wie ist denn das _____?

19 *küssen*: Der siegreiche Fahrer _____ den Pokal.

20 *passen*: Um wieviel Uhr _____ es dir?

21 *hassen*: Oh nein, diesen Song _____ ich wirklich!

22 *vermissen*: Ich freue mich, wenn wir unseren Kater aus der Tierklinik abholen

können, ich _____ ihn wirklich schon sehr.

© VERITAS-Verlag, Linz. – Durchstarten Deutsch 2. Klasse Mittelschule / AHS. Rechtschreibung

14 Kreuzworträtsel umgekehrt: Schaffst du es, alle Wörter aus der Box richtig in das Gitter einzubauen? „ß" wird als ein Buchstabe dargestellt.

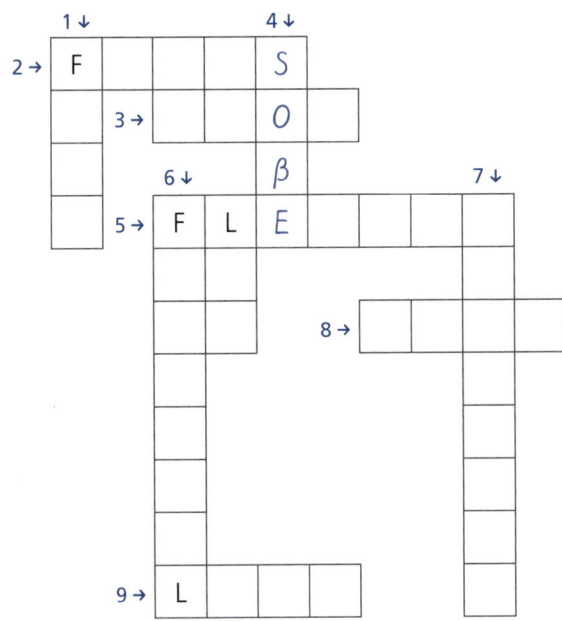

falls
fleißig
Flesserl
Fass
groß
Grimasse
las
Last
Reis
~~Soße~~

Du kennst ein Wort nicht? Schlage es in einem (Online-)Wörterbuch nach!

15 Füge die Wörter aus der Box an der passenden Stelle ein.

Angstschweiß • abreißen • Dessert • ~~bisschen~~ • blass • abwärts
Erdgeschoß • ~~abbeißen~~ • bewusstlos • lass • döst • draußen
musst • falls • Piste • anfassen • dreist • Genuss • hast

1 Darf ich bitte ein *bisschen* von deinem Brot *abbeißen* ?

2 Du _____ jeden Tag ein Blatt vom Kalender _____.

3 Hui, diese _____ geht aber steil _____.

4 Du darfst den Hund auf keinen Fall _____ _____.

5 Ich bin so nervös. Ich spüre meinen _____.

6 Sie wurde schwer verletzt und war _____.

7 Komm, _____ uns in die Sonne gehen, du siehst _____ aus.

8 Unser neues Kätzchen _____ am Fensterbrett.

9 Schau mal, _____ regnet es.

10 Der Dieb war sehr _____. Er verübte den Raub am helllichten Tag.

11 Genau, deshalb will ich nicht im _____ wohnen.

12 Mmm, dieses _____ ist ein _____.

13 _____ du heute noch Zeit _____, komm doch vorbei!

16 Bringe die Buchstaben in die richtige Reihenfolge und schreibe die Wörter auf
※ die Zeile. Beachte auch die Groß- und Kleinschreibung. Ergänze bei den Nomen
※ (Namenwörtern) den Artikel. Schlage Wörter, die du nicht kennst, in einem
※ (Online-)Wörterbuch nach. Schreibe dann fünf Sätze mit diesen Wörtern auf die
Zeilen unten. Versuche, möglichst viele Wörter in jeden Satz einzubauen.

1 serei   *die Reise* _____

2 eßflien   _____

3 afenss   _____

4 suschls   _____

5 weibes   _____

6 ßendrau   _____

7 großtermut _____

8 maßndba _____

9 issgeb   _____

10 beniße   _____

11 dnusers   _____

12 deos   _____

13 flse   _____

14 eißflig   _____

15 stigha   _____

16 sshälich _____

_____

_____

_____

_____

_____

_____

_____

_____

_____

_____

_____

17 Setze s, ss und ß richtig ein.

Welches Wort passt nicht in die Reihe? Schreibe es auf die Zeile.

1 Wa_ss_er, Ka_ss_a, Ta_ss_e, Fa_ss_, Fü_ß_e   _Füße_

2 flie____en, grü____en, ra____en, gie____en   _____

3 nie____en, Mäu____e, genie____en, Ra____en   _____

4 räu____pern, heil____am, pre____en, Ang____t   _____

5 bi____chen, lö____en, bla____, anfa____en, Gewi____en   _____

6 Gefängni____e, Ergebni____e, barfu____, Nä____e   _____

7 Grö____e, blo____, Ta____e, sie sa____, schie____en   _____

8 In____el, abwärt____, De____ert, er la____, dö____en   _____

ACHTUNG

- Nomen (Namenwörter) auf **-nis** und **-us** werden trotz des kurz gesprochenen Vokals nur mit einem s geschrieben. In der **Mehrzahl** allerdings steht **ss**.
  das Geheimnis – die Geheimnisse
  der Bus – die Busse
- Fremdwörter auf **-as**, **-us** und **-is** haben oft keine oder **spezielle Mehrzahlformen**. Lerne diese am besten auswendig.
  der Atlas – die Atlanten
  das / der Virus – die Viren
  die Galaxis – die Galaxien

Wissen

Üben

18 Die Nachsilben -is, -nis und -us: Ergänze die Tabelle.

Einzahl (Singular)	Mehrzahl (Plural)
das Bedürfnis	die Bedürfnisse
	die Begräbnisse
der Bus	
das Geheimnis	
	die Ereignisse
die Erlaubnis	
das Gefängnis	
	die Zeugnisse
	die Zirkusse

19 Ordne den Beschreibungen das richtige Fremdwort aus der Box zu. Schreibe das Wort in Einzahl und Mehrzahl auf die Zeile. Du kannst auch in einem (Online-) Wörterbuch nachschlagen.

> der Kaktus, die Kakteen • der Fokus, die Fokusse • die Praxis, die Praxen
> ~~der Atlas, die Atlanten (auch: Atlasse)~~ • der/das Virus, die Viren
> der Ritus, die Riten • der Krokus, die Krokusse • das Tempus, die Tempora
> der Diskus, die Disken (auch: Diskusse)

1 _der Atlas, die Atlanten (auch Atlasse)_____ : Sammlung geografischer Karten

2 _____ : eine Frühlingsblume

3 _____ : Wurfgerät in Form einer Scheibe

4 _____ : die Art und Weise, etwas durchzuführen;

auch der Raum, in dem eine Ärztin/ein Arzt untersucht

5 _____ : der Mittelpunkt oder Schwerpunkt des

Interesses/eines Gesprächs; Fachbegriff in der Optik *(Wissenschaft vom Licht)*

6 _____ : Pflanze mit der Fähigkeit, Wasser zu speichern

7 _____ : der überlieferte Brauch, wie eine feierliche Handlung

ablaufen soll, z.B. eine Hochzeit

8 _____ : lateinisches Wort für „Zeit"

9 _____ : spezielle Form eines Krankheitserregers

20 Ergänze die Tabelle. Schreibe mit zwei dieser Wörter zwei Sätze auf die Zeilen.

Einzahl (Singular)	Mehrzahl (Plural)
	die Atlasse; besser: Atlanten
der Fokus	
	die Tempora
der/das Virus	
der Kaktus	
der Ritus	
	die Praxen

_____

_____

_____

21 Lies den Text und markiere die Wörter mit ss und ß jeweils mit einer anderen
✱ Farbe. Lasse alle „dass" weg, damit beschäftigst du dich im nächsten Abschnitt.

Ihr Vater steckte den Kopf herein. „Ich möchte nicht stören. Aber ich brauche noch
Hilfe bei der Beleuchtung auf der Terrasse. Wenn ihr hier fertig seid, könntet ihr
vielleicht die Pakete und die Windlichter rausbringen? Sie stehen im Flur." Franzi
rappelte sich immer noch kichernd aus dem Sitzkissen hoch. „Klar, ich komme sofort.
Mir wird es hier eh zu gefährlich." Sie sprang auf und folgte Herrn Grevenbroich.
„Ich komme auch", beeilte sich Kim zu sagen. „Marie findet ihre Sachen bestimmt
schneller, wenn wir sie nicht ablenken."
Von der Tür aus rief sie: „Barfuß ist übrigens auch eine Alternative!", und machte, dass
sie wegkam, bevor Marie ein neues Wurfgeschoss gefunden hatte. Marie seufzte. Sie
ging zu dem großen Wandspiegel mit Ballettstange und betrachtete sich nachdenklich.
Das neue dunkelblaue Neckholder-Kleid saß perfekt. […]
Kim, Franzi und Marie standen mit Kommissar Peters an der Bar. Er nahm einen Schluck
aus seinem Champagnerglas. „Sagt bloß, ihr seid schon am nächsten Fall dran?", fragte
er. Franzi musste grinsen. Eigentlich hatten sie den Kommissar fragen wollen, ob es
neue kriminelle Geschehnisse gab, bei denen die Polizei Hilfe von den erfolgreichen
Detektivinnen brauchte.

Mira Sol: Die drei !!! – Die Jagd im Untergrund. München: dtv Verlag 2013 (ungekürzte Ausgabe,
Bd. 22), S. 13 u. S. 20

22 Schreibe die Wörter aus Übung 21 richtig auf die Zeilen.
✱
ss: _____

_____

_____

ß: _____

_____

_____

ACHTUNG

Diese Wörter mit ss/ß werden in Österreich und
Süddeutschland anders ausgesprochen als weiter nördlich in
Deutschland. Deshalb kann es sein, dass du in Büchern auch die
Schreibweise mit „ss" findest.
- *das Geschoß (Österr.) – das Geschoss*
  das Wurfgeschoß (Österr.) – das Wurfgeschoss
  das Erdgeschoß (Österr.) – das Erdgeschoss
- *der Spaß (Österr.) – der Spass*

23 Zu jedem Wort aus der Liste gibt es drei Wörter aus derselben Wortfamilie. Schreibe bei jedem Wort die richtige Ziffer in das Kästchen.

1 ~~schließen~~
2 barfuß
3 groß
4 saß
5 bloß
6 müssen
7 Geschehnisse

	Schneidersitz		geschehen		Blöße

	Geschehnis		bloßstellen		ein Muss

	Sitzbank		geschah		vergrößern

	Fuß		musste		Fußpflege	**1**	Schluss

	sitzen	**1**	du schließt		Großeinsatz		Kleidergröße

	ihr müsst	**1**	abschließen		Fußball		entblößen

24 Ergänze die Lücken. Wenn du nicht sicher bist, lies in Übung 23 nach.

Schneider____itz   abschlie____en   Fu____pflege

schlie____en   entblö____en   ihr mü____t

Schlu____   vergrö____ern   Gro____einsatz

Fu____   Geschehni____   Geschehni____e

barfu____   Fu____ball   sa____

25 Ergänze die fehlenden Formen in der Tabelle. Achtung: Bei „messen" haben die anderen Formen einen anderen Selbstlaut (Vokal).

Singular	Plural	Verb	Adjektiv mit -lich oder -ig
das Haus	*die Häuser*	*hausen*	*häuslich*
	die Bisse		
		genießen	
			anlässlich
die Laus			
	die Anstöße		
		messen	
der Hass	——		

26 Obwohl es für „ß" einen Großbuchstaben gibt, wird das scharfe s in der Blockschrift oft als Doppel-s geschrieben. Markiere alle Wörter mit „SS". Lies diese Wörter dann laut und höre auf den langen und den kurzen Vokal. Schreibe die Wörter in Schreibschrift richtig auf die Zeilen.

✳
✳
✳

1 DAS WASSER AM FUSSE DES BERGES WAR GLASKLAR.

2 DAS UNFASSBAR SCHLECHTE ESSEN VERMASSELTE UNS DEN AUSFLUG.

3 DIE KOMMISSARIN WEISS NOCH NICHTS VON DEM GESCHEHNIS.

4 MIT DIESER PASTE WERDEN IHRE ZÄHNE PERLWEISS.

5 DIE NÄSSE IST EIN BISSCHEN LÄSTIG.

6 SIE SASSEN EINIGERMASSEN MÜDE AUF DER TERRASSE.

7 DRAUSSEN SPRIESSEN DIE KROKUSSE.

8 DER GROSSVATER ASS NUR EINEN ESSLÖFFEL DES DESSERTS.

ss: *Wasser,* _____

_____

_____

_____

ß: *Fuße,* _____

_____

_____

27 Kannst du dich noch an die Fremdwörter von Übung 19 erinnern? Dann schaffst du dieses Rätsel locker. Achte auf Einzahl (Singular) und Mehrzahl (Plural).

✳
✳
✳

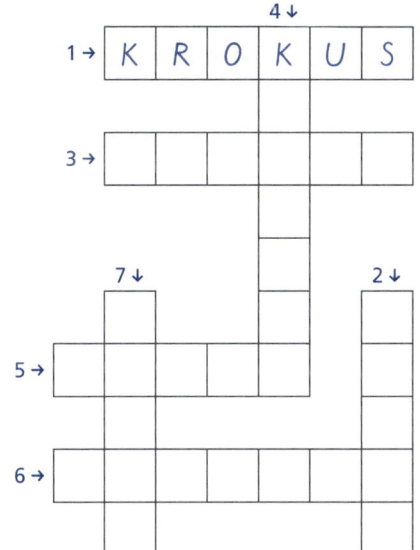

1 → K R O K U S

1 Welche bunte Blume blüht im Frühling? (Sg.)
2 Wie heißt eine Sammlung geografischer Karten? (Sg.)
3 Wie nennt man ein scheibenförmiges Wurfgerät? (Sg.)
4 Diese Pflanzen können Wasser speichern. (Pl.)
5 Überlieferte Bräuche für Feierlichkeiten nennt man … (Pl.)
6 Präsens, Perfekt, Futur sind … (Pl.)
7 Nicht nur Menschen, sondern auch Computer können damit angesteckt werden. (Pl.)

28 Trage die Buchstaben in der Box passend in die Lücken ein.

~~ss~~ ▪ ss ▪ ss ▪ ss ▪ ss ▪ ss
ß
s ▪ s ▪ s ▪ s ▪ s ▪ s ▪ s

Von einem menschenfre_ss_enden Hai verspei____t zu werden – geht's noch

gru____eliger? Wohl kaum. Haie haben sich über Millionen Jahren zu perfekten

Unterwa____er-Killermaschinen entwickelt, mit einem Schlund voll Ra____ierklingen

am einen Ende und einer kräftigen Schwanzflo____e am anderen, die den

grin____enden Torpedo in Höch____tgeschwindigkeit durchs Wa____er schie____en

lä____t … geradeweg____ auf dich und deine verzweifelt paddelnden Beine zu!

Aarrggh! Haie riechen einen Tropfen Blut in Millionen Liter Wa____er, Haie spüren

die Elektrizität in deinen zuckenden Mu____keln.

Glenn Murphy (Übers.: Ulrich Thiele): Das Panik-Buch. Warum wir im Dunkeln Angst haben und
Spinnen gruselig sind. Würzburg: Arena Verlag 2011, S. 13–14

29 Trage richtig ein: s, ss oder ß.

Insge_s_amt sind uns 350 Arten von Haien bekannt. Von die____en 350 können

uns nur ein paar gefährlich werden, darunter der Wei____e Hai, der Riffhai und der

Tigerhai. Selb____t diese Arten vergreifen sich nur ____elten an badenden Menschen

und selb____t dann mei____tens nur aus Ver____ehen. Normalerwei____e wollen sie

gar nichts von uns – au____er irgendwer meint, er mü____te einen Hai füttern oder

anstup____en (das ist keine gute Idee), oder ein Surfer fällt vom Brett direkt auf einen

nichts ahnenden Hai (das ist dann einfach nur Pech). Au____ dem Nichts greifen Haie

eigentlich nur an, wenn sie einen Schwimmer oder Surfer für einen Seehund oder eine

Schildkröte halten. Das kann schon mal pa____ieren, so von unten und im Wa____er …

eine schmerzhafte Verwech____lung, aber eben eine Verwech____lung. Au____erdem

la____en sie dann mei____tens nach dem er____ten Bi____en lo____ und verziehen

sich, statt weiter an dem unglücklichen Wa____ersportler herumzunagen. Ich wei____

schon, was du jetzt denk____t. Kla____e. Das wird mir sicher sehr weiterhelfen, wenn

ich dann schon ohne Beine am Strand liege.

Glenn Murphy (Übers.: Ulrich Thiele): Das Panik-Buch. Warum wir im Dunkeln Angst haben und
Spinnen gruselig sind. Würzburg: Arena Verlag 2011, S. 13–14

30 Hier haben sich bei der s-Schreibung fünf Fehler eingeschlichen. Finde und korrigiere sie. Schreibe dann die Wörter noch einmal richtig auf die Zeile unten.

Schon gewusst?

Reine Wohnungskatzen, die mit ihrer Familie in ein Haus mit Garten umziehen, haben Angst vor der unbekannten Welt vor der Tür. Sie gehen anfangs nur sehr vorsichtig nach drausen und können in Panik geraten, wenn die Tür hinter ihnen nicht weit offenbleibt. Eine Wohnungskatze braucht lange, ehe sie die neue Freiheit auch genießen kann.

Jeden Tag neue Abenteuer

Vor ein paar Jahren wollte ein neugieriger Katzenbesitzer gerne wißen, was sein Kater mit dem Namen Mr. Lee tagsüber draußen erlebte. Er baute eine Kamera, die klein und leicht genug war, dass Mr. Lee sie am Halsband tragen konnte. Alle zwei Minuten fotografierte die Kamera automatisch, was der Kater gerade sah. Die Bilder erzählen viel über das Verhalten und den Tagsablauf freilaufender Katzen.

Maus in Sicht!

Geht eine Katze auf die Jagd, schleicht sie sich vorsichtig so nahe wie möglich an die Beute heran und wartet geduldig, biss sie mit einem Sprung angreifen kann. Katzen lauern jedoch nicht stundenlang vor einem Mauseloch. Meist bleiben sie nicht länger als eine halbe Stunde. [...] Hat eine Katze eine Maus erwischt, hält sie sie mit den Krallen der Vorderpfoten fesst und tötet sie mit einem gezielten Biss in den Nacken. Eine Ratte dagegen ist ein gefährlicher Gegner. Sie beisst mit scharfen Zähnen um sich und kann eine Katze ernsthaft verletzen. Katzen schützen sich, indem sie so eine Beute mehrmals in die Luft schleudern und dann kurz laufen lassen, bis das Opfer schwach wird. Erst dann folgt der tödliche Biss.

Jutta Aurahs: Katzen. Flinke Jäger auf Samtpfoten. Nürnberg: Tessloff Verlag 2015, WAS IST WAS, Bd. 59, S. 34.

B das und dass

REGEL

das

- kann ein **Artikel** sein und **ein Nomen (Namenwort) begleiten**. Du kannst „das" durch „**dies**" oder „**dieses**" ersetzen. (Aber nur als Gedankenhilfe, denn dadurch ändert sich die Bedeutung des Satzes!)
  Das (Dies / Dieses) Fenster ist offen.

- kann ein **Demonstrativpronomen** (hinweisendes Fürwort) sein **und auf ein Nomen (Namenwort) hinweisen**. Du kannst „das" durch „**dies / e / r**", „**dieses**" oder „**jene / r**", „**jenes**" ersetzen.
  Hast du das (dies) gemacht?
  Das (dies / e, jene) ist meine Schwester.

- kann ein **Relativpronomen** (bezügliches Fürwort) sein und **auf ein Nomen (Namenwort) rückverweisen**. Du kannst es durch „**welches**" ersetzen.
  Meine Oma kaufte mir das T-Shirt, das (welches) ich heute trage.

dass

ist immer eine **Konjunktion (Bindewort)** und **kann durch kein anderes Wort ersetzt werden**. Es **verbindet einen Haupt- und einen Gliedsatz**, du brauchst also einen **Beistrich**.
Ich bin froh darüber, dass du hier bist.
Dass du hier bist, darüber bin ich froh.

IM DIALEKT KANN MAN STATT „DAS" IMMER „DES" SAGEN. „DASS" KANNST DU DURCH KEIN WORT ERSETZEN.

31 Ersetze die unterstrichenen Wörter mit „das" und schreibe die Sätze auf die Zeile.

1 <u>Dies</u> ist mein neues Fahrrad.

Das ist mein neues Fahrrad.

2 Hier ist das Buch, <u>welches</u> mir meine Freundin geborgt hat.

3 Dort steht das Kind, <u>welches</u> neu an der Schule ist.

4 Was ich mir wünsche, ist <u>dies</u>: Höre mir mal kurz zu.

5 <u>Dies</u> hat sie laut und deutlich so gesagt.

6 Ist <u>dies</u> die Schule, an der du früher warst?

7 Wo hast du das Spiel hingegeben, <u>welches</u> wir gestern gekauft haben?

8 Meinst du <u>dieses</u> hier?

9 Ja, genau <u>dieses</u> meine ich!

10 Was soll <u>dieses</u> Chaos?

11 Es ist das Chaos, <u>welches</u> wir beim Kochen verursacht haben.

12 Mir gefällt <u>das</u> neue Skateboard wirklich gut.

13 Willst du <u>das</u> tatsächlich deiner Schwester erzählen?

32 Schreibe zu den Sätzen aus Übung 31 jeweils dazu, ob „das" ein Artikel (A), ein Demonstrativpronomen (D) oder ein Relativpronomen (R) ist.

Das ist mein neues Fahrrad. (D)

33 Durch welches Wort aus der Box kannst du die unterstrichenen „das" jeweils ersetzen? Schreibe es auf die Zeile.

welches ▪ welches ▪ welches ▪ welches ▪ welches ▪ welches
~~dies~~ ▪ dies ▪ dies ▪ Dies ▪ dieses ▪ dieses

1 Was soll das? *dies* _____

2 Ist das Kleid, das du gekauft hast, aus Baumwolle? _____

3 Von wem kommt das Geschenk, das du bekommen hast? _____

4 Woher weißt du das? _____

5 Wer sagt das? _____

6 Ist es dieses Buch, das du willst? _____

7 Ja, es ist genau das, das ich meine! _____

8 Das ist ja das Problem, das ich habe: Nein, ich bin nicht zufrieden damit.

_____

9 Ist das Ergebnis jenes, welches du erreichen wolltest? _____

10 Dort drüben im Regal steht das Spiel, das ich mir ausborgen möchte.

_____

34 Setze jeweils „dass" ein. Sprich die Sätze laut aus und überprüfe, ob du wirklich keines der Ersatzwörter (welches, dies/dieses, jene/jenes) einsetzen kannst.

1 Er meint, _____ er damit nichts zu tun habe.

2 _____ er die Wahrheit sagt, bezweifle ich.

3 Wieso meinst du, _____ er lügt?

4 Naja, er behauptet, _____ er am Wochenende bei seinem Onkel in Graz war.

5 Und du glaubst, _____ das nicht stimmt?

6 Nein, ich glaube es nicht. Ich bin mir sicher, _____ es nicht wahr ist.

7 Es wundert mich, _____ du ihm so wenig vertraust.

8 Das kommt daher, _____ ich ihn am Samstagabend im Freibad gesehen habe.

9 Bist du ganz sicher, _____ es er war?

10 Ich glaube schon, _____ ich richtig gesehen habe.

11 Siehst du! Ich wusste doch, _____ es vielleicht ein Missverständnis ist.

12 Glaubst du wirklich, _____ ich mich getäuscht habe?

13 Ich weiß, _____ du sehr kurzsichtig bist und ohne Brillen schwimmst.

35 Bringe die Sätze mit „dass" in die richtige Reihenfolge. Das erste und das letzte Wort stehen schon an der richtigen Stelle.

✱
✱

1 Ich dass geschafft ich glaube, es bald habe.

   Ich glaube, dass ich es bald geschafft habe.

2 Tom er im Urlaub dass schreibt, gesehen Delfine hat.

   Tom _____ *hat.*

3 Meine Tante dass behalten Arbeitsstelle sie ihre hofft, kann.

   Meine _____ *kann.*

4 Die Sportlerin einholen so sie dass niemand lief schnell, konnte.

   Die _____ *konnte.*

5 Das Essen gut, so zufrieden dass alle schmeckte waren.

   Das _____ *waren.*

6 Ich Sie dass Handys hier darauf nicht gestattet möchte hinweisen, sind.

   Ich _____ *sind.*

36 Bringe die Sätze mit „das" und „dass" in die richtige Reihenfolge. Das erste und das letzte Wort stehen schon an der richtigen Stelle.

✱
✱
✱

1 Edgar das dass er Rennen gewinnen hofft, wird.

   Edgar _____ *wird.*

2 Serena kein Tennis, dass Match gibt, das so gut spielt sie es nicht gewinnt.

   Serena _____ *gewinnt.*

3 Tamara das Lied gut, dass so sie es ständig im Ohr gefällt hat.

   Tamara _____ *hat.*

4 Wir wir dass das Auswärtsspiel hoffen, morgen, gewinnen.

   Wir _____ *gewinnen.*

TIPP

Du bist nicht sicher, ob man „das" oder „dass" schreibt?
Überlege so:
Kann ich es durch ein anderes Wort (z. B. dies(es), welches) ersetzen oder ist es ein Artikel?
Wenn ja: → das
Wenn nein: → dass

37 Trage die Wörter aus der Box richtig in die Sätze ein.

> das • das • das • das • das • das • das • Das
>
> ~~dass~~ • dass • dass • dass • dass • dass • Dass

1 Silvio ist sicher, _____dass_____ er ein berühmter Sänger werden wird.

2 _____ ist ziemlich unwahrscheinlich, _____ es morgen regnen wird.

3 Bist du sicher, _____ du alles eingepackt hast?

4 Woher hast du _____ Kleid?

5 Wir besichtigten _____ Haus, _____ wir mieten wollten.

6 Du musst darauf achten, _____ das Wechselgeld stimmt.

7 Wusstest du, _____ Richard in Südafrika geboren worden ist?

8 Endlich! Schau, _____ ist _____ Fahrrad, _____ ich extra

bestellt habe.

9 _____ die Sache doch noch gut ausgehen würde, _____ habe ich nicht

erwartet.

10 Du siehst, _____ es sich lohnt, am Ball zu bleiben.

38 „das" oder „dass"? Ergänze die richtige Form.

1 Lass uns versuchen, _____ wir bis zum Abend mit der Arbeit fertig sind.

2 Er glaubt nicht, _____ _____ Gerät lange funktionieren wird.

3 _____ du das verheimlicht hast, _____ werde ich dir nur schwer

verzeihen.

4 Aber ich kann nichts dafür, _____ ich _____ so spät erfahren habe.

5 Wir wissen, _____ _____ Haus zu vermieten ist.

6 Leo freut sich, _____ sein Hund wieder gesund ist.

7 _____ wir alle gemeinsam diesen Ausflug machen, _____ freut

mich sehr!

8 Er vergisst, _____ er die Herdplatte ausschalten muss.

9 _____ ist aber eine schöne Überraschung, _____ _____ Kino

Gratiskarten vergibt.

10 Igor und Valerie hoffen, _____ _____ Konzert auf _____ sie sich

schon so freuen, stattfinden kann.

C **Gemischte Übungen zur s-Schreibung und zu das / dass**

39 Schau dir die Wörter in der Tabelle gut an. Versuche, dir so viele wie möglich
✱ einzuprägen.

abbeißen	Dessert	Achsel	Kakteen
blass	Kassa	draußen	Virus
gleichmäßig	riss ab	fasste an	großzügig
heilsam	Ereignisse	heißen	Atlanten
lösen	meistens	misslingen	niesen
riskant	schießen	schoss	schließen
Schloss	schließlich	dösen	schmeißen
schmiss	abreißen	stoßen	wissbegierig
Schweiß	Spaß	anfassen	stieß
Stress	verlassen	abwärts	verlässlich
Hindernis	gießen	Schluss	vergessen
fleißig	Abfluss	Zeugnis	Krokusse

40 Suche diese Wörter in der Tabelle oben und markiere sie farbig. Stoppe mit, wie
✱ lange du brauchst.

abreißen ▪ riss ab ▪ anfassen ▪ fasste an ▪ niesen

41 Suche und markiere nun diese Wörter. Schaffst du es schneller als vorher?
✱ Stoppe wieder mit.
✱

schießen ▪ schoss ▪ riskant ▪ fleißig ▪ Schluss

42 Suche und markiere nun folgende Wörter. Stoppe wieder mit. Schaffst du eine
✱ neue Bestzeit? Schreibe nun mit jedem dieser Wörter einen Satz auf die Zeilen.
✱

Dessert ▪ Ereignisse ▪ Hindernis ▪ draußen ▪ verlassen

_____

_____

_____

_____

_____

43 Trage die Wörter aus der Box passend in den Text ein.

> Außerdem · ebenso · große
> gefressen · gefressen
> Dass · dass · dass · dass
> Ameisennests · Nest
> müssen · weiß · essen · gerissen · aussahen · heißen

Was für eine Wahl, dachte ich – entweder einen Auftrag der Ameisenkönigin

anzunehmen oder bei lebendigem Leib _____ zu werden. Die

Entscheidung fiel mir nicht leicht, aber ich gehorchte meinem Instinkt. „Okay", sagte

ich. „Ich übernehme den Fall."

_____ mochte ich die alte Tante irgendwie. Im Garten war sie eine

lebende Legende – die _____ Mutter des _____.

_____ im Garten seit Jahren Frieden herrschte, war hauptsächlich der

Ameisenkönigin und der Art, wie sie das _____ verwaltete, zu verdanken. [...]

Ich wurde in eine Seitenkammer geführt. Krag folgte mir, _____ einige

andere Soldaten, die alle nicht _____, als sei mit ihnen gut Kirschen

_____. Sobald wir in der Kammer waren, schob Krag mir sein kleines

Gesicht entgegen. „Ich kann Sie nicht ausstehen, Muldoon!", schnarrte er. „Mann",

sagte ich, „soll das _____, _____ die Hochzeit abgesagt

wird?" „Wir _____ davon ausgehen, _____ die Königin

_____, was sie tut," fuhr Krag fort. „Aber ich empfinde es als schwere

Beleidigung für unser glorreiches Ameisenheer, _____ ein popeliger

Käfer unsere Arbeit erledigen soll." „Hör mal, Alter, ich hab mich um diesen Job nicht

gerade _____, okay? Ich hab nur etwas dagegen, _____

zu werden …"

Paul Shipton (Übers.: Andreas Steinhöfel): Die Wanze. Frankfurt: Fischer Taschenbuch Verlag 2001,
S. 40–41.

44 Trenne die einzelnen Wörter mit Strichen und finde die fünf Fehler in der
Wörterschlange.

gleichmäßig|riss|fasstegroßzügigheilsamEreignisseheißenAtlaßräuspern
blassHeiserkeitnießteInspektorHindernissemäßigKommissar
zusammenfassenZeugnissBedürfniseHülsepassierteprasselninteressant
Kaktuslösen Krokussmisslingenniesen

45 **Test mit Auswertung:**

s, ss oder ß? Trage richtig ein.

Ein Vierbeiner für dich: Bi_s_t du ein Hunde-Typ?

Du ha____t erfahren, da____ Hunde gute Beschützer sind, da____ sie ständig in Aktion

und echte Familientiere sind. Da____ ist bei den mei____ten Hunden so. Aber jeder

Hund wünscht auch, da____ man sich gut um ihn kümmert.

Du spür____t vielleicht schon den Wunsch, einen Hund zu bekommen. Aber kannst du

auch wirklich gut für ihn sorgen? Überleg mal: Du komm____t gut mit einem Hund

klar, wenn du auch gerne läuf____t, spielst und tobst. Au____erdem solltest du gern

rausgehen, in den Wald oder auf Wie____en, denn Hunde brauchen ihren Au____lauf.

Und ihnen ist es egal, ob es regnet, schneit oder die Sonne scheint. Sie wollen rau____

und sich bewegen. Und sie wollen da____ jeden Tag. De____halb mu____ dein Hund

dreimal am Tag minde____tens eine halbe Stunde zum Ga____igehen nach drau____en.

Dazu kommt, da____ er auch drinnen gern mit dir spielt, er will, da____ jemand ihm

Futter hinstellt, ihn bür____tet und auch mal in der Badewanne wäscht. Da____ und

noch einiges mehr mu____ gemacht werden, schlie____lich ist der Hund ja ein echtes

neues Familienmitglied. […]

Viel Zeit für einen Hund hei____t auch, da____ da ein Lebewe____en in eure Familie

kommt, da____ mehrere Jahre bei euch lebt – und kein Spielzeug ist, da____ man in

eine Ecke stellt oder wegschmei____t, wenn man keine Lu____t mehr hat. Ein Hund ist

ein fühlendes We____en wie du selb____t. Er ist auch mal traurig, er ist fröhlich, er ist

mal wütend, mal lieb. Und er will, da____ du ihm sagst, wo es langgeht, er braucht

klare Befehle.

Monika Schatz/Thorsten Schulz/Thomas Duffé: Kauf mir ein Krokodil! Ein RATGEBER für die Wahl
deines HAUSTIERS. Berlin: Berlin Verlag 2008, S. 12–13

Üben

Auswertung	
0 bis 2 Fehler	Sehr gute Leistung!
3 bis 5 Fehler	Das hast du nicht schlecht gemacht!
Ab 6 Fehlern	Du solltest das Kapitel noch einmal wiederholen!

Laut-Buchstaben-Zuordnung

A Lang gesprochene Vokale (Selbstlaute)

Es gibt vier Arten, wie lang gesprochene Vokale (Selbstlaute) geschrieben werden.

- mit einem **Dehnungs-h**: bedro**h**lich, Strä**h**ne, Vie**h**
- mit **ie**: pan**ie**ren, Parad**ie**s, l**ie**b
- mit **Doppelvokal**: M**ee**r, W**aa**ge, Z**oo**
- **ohne** spezielles **Kennzeichen**: Vamp**i**r, l**ö**sen, m**ä**ßig

TIPP

Merke dir diese Wörter mit Doppelvokal:
- **Aa**l, H**aa**r, P**aa**r, S**aa**l, St**aa**t, W**aa**ge
- B**ee**re, B**ee**t, F**ee**, Kaff**ee**, Kl**ee**, l**ee**r, M**ee**r, Schn**ee**, S**ee**, S**ee**le, Sp**ee**r, T**ee**, T**ee**r
- B**oo**t, d**oo**f, M**oo**r, M**oo**s, P**oo**l, Shamp**oo**, Z**oo**

Wissen

Üben

46 ✳ Lies die Wörter in der Tabelle laut. Bei welchen Wörtern wird der hervorgehobene Vokal lang gesprochen? Male die Felder farbig aus.

Dr**u**ck	F**a**rbe	tr**ü**b	ang**e**blich	gem**ä**chlich
sp**o**tten	bev**o**r	pr**o**mpt	Ger**ä**t	Kl**i**ma
erkl**ä**ren	Sch**ä**del	P**u**dding	l**ö**sen	k**u**rz
T**a**kt	spr**e**chen	spr**a**ch	F**i**lz	St**o**ß

47 ✳✳ Lies dir die Wörter mit Doppelvokal in der TIPP-Klammer noch einmal durch. Welches davon passt in die Lücken? Die Buchstaben in den blauen Feldern ergeben der Reihe nach geschrieben einen sehr beliebten Aufenthaltsort. Schreibe die zwei Lösungswörter in Großbuchstaben auf die Linien.

1 Ich bin ein großer Raum, in dem viele Menschen Platz haben. S a a l

2 Mich findest du am Waldboden. Ich bin grün und etwas flauschig. Ich speichere Wasser und sorge für einen feuchten Boden. ▨ __ __ __

3 Ich bin eine sehr alte Waffe. Heutzutage gibt es aber auch eine Sportart, bei der ich möglichst weit geworfen werden muss. __ ▨ __ __ __

4 Das Gegenteil von clever, klug, super ist: __ ▨ __ __

5 Wenn du im Garten Blumen oder Gemüse pflanzen willst, musst du die Erde zuerst

lockern und säubern. Du musst ein __ __ __ __ anlegen.

6 Du verwendest mich zum Haarewaschen. __ __ __ __ __ ▩ __

7 Ich bestehe aus viel Wasser – aber nicht so viel wie das Meer. __ __ __

8 Wenn ich vier Blätter habe, bringe ich dir Glück. __ ▩ __ __

VIELE MENSCHEN SIND GERNE __ __ __ __ __ __.

ACHTUNG

Verben aus anderen Sprachen auf **-ieren** haben immer ein **ie**.

*amüsieren (lustig finden), akzeptieren (annehmen),
diktieren (ansagen), faszinieren (sehr beeindrucken),
formulieren (sprachlich ausdrücken), fotografieren,
garantieren (zusichern), markieren (kennzeichnen),
probieren (versuchen), sekkieren (jemanden bewusst ärgern)*

48 Ergänze die passenden Verben auf -ieren von der Liste oben. Achte auf die
✱ richtige Form.
✱

Ich finde das zwar nicht lustig, es _____ mich nicht, aber ich

kann es annehmen, ich kann es _____. Trotzdem möchte

ich, dass Sie mir zusichern, also _____, dass Sie mich nicht

bewusst ärgern, also _____ . Ich habe jetzt wirklich versucht

und ehrlich _____, meine Meinung höflich auszudrücken

und sie sorgsam zu _____. Es _____

mich, wie genau und sorgfältig du die wichtigsten Wörter in diesem Text

_____. Darf ich dein Ergebnis dann ab_____?

49 Der Vokal (Selbstlaut) in der Mitte des Wortes und das ie aus -ieren haben Platz
✱ getauscht. Kannst du die Wörter trotzdem verstehen und richtig aufschreiben?
✱

am**ie**s**ü**ren   *amüsieren* _____   s**ie**kk**e**ren   _____

gar**ie**nt**a**ren _____   m**ie**rk**a**ren _____

form**ie**l**u**ren _____   d**ie**kt**i**ren _____

akz**ie**pt**e**ren _____   pr**ie**b**o**ren _____

f**ie**sz**i**naren _____   fot**ie**graf**o**ren _____

Wissen

Üben

ACHTUNG

Fremdwörter auf **-ine** werden lang gesprochen, aber nicht gekennzeichnet.

Maschine, Kusine, Mandarine, Ruine, Gardine (Vorhang), Violine, Lawine, Kabine

50
✱

Bilde Wörter mit den Silben auf -ine. Die Wörterliste oben hilft dir.

Gard ▪ Kus ▪ Ru ▪ Masch ▪ Kab ▪ Viol ▪ Mandar ▪ Law

_____   _____

_____   _____

_____   _____

_____   _____

51
✱
✱✱

Löse das Kreuzworträtsel. Die Wörterliste mit den Wörtern auf -ine hilft dir.

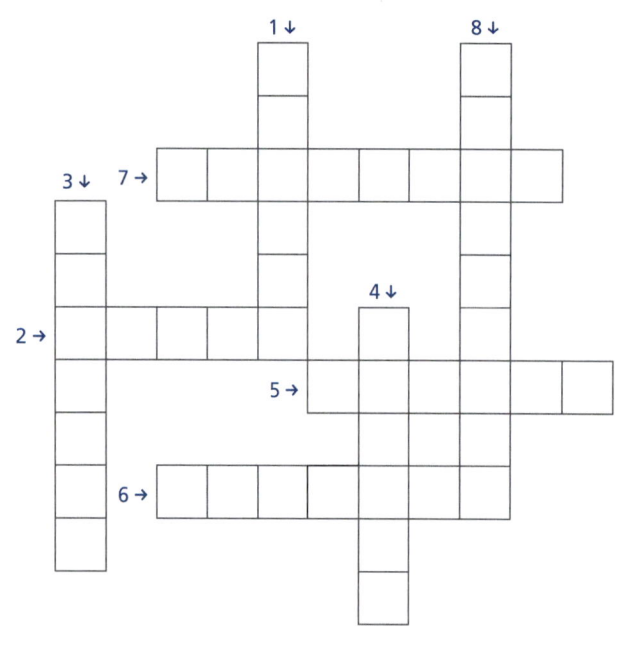

1 Die Tochter meiner Tante ist meine …
2 Eine verfallene Burg nennt man …
3 Ein dünner Vorhang vor dem Fenster heißt …
4 Kleidung im Geschäft probiert man in der …
5 Wenn Schneemassen von einem Berghang rutschen, nennt man das …
6 Ein anderes Wort für Geige ist …
7 Ein technisches Gerät, das Dinge herstellt oder Arbeiten übernimmt ist eine …
8 Kleine orangfarbene Südfrucht, wird traditionell zum Nikolausfest verschenkt.

ACHTUNG

Manche Wörter musst du sehr genau unterscheiden:
Lid (Auge) – *Lied (Musik)*
Mine (Stift, Bergwerk, Sprengkörper) – *Miene (Gesicht)*
Stil (Art, Weise) – *Stiel (Besen, Werkzeug)*
wider (gegen) – *wieder (erneut, nochmals)*

TIPP

„Wider" kommt meistens in zusammengesetzten Wörtern vor:
widersprechen, erwidern, Widerstand

52 Lies die Erklärungen oben genau und ergänze die Wörter der Reihe nach.

✳

1 Das _____ meines linken Auges ist entzündet.

2 Hörst du dieses _____ zum ersten Mal?

3 In der _____ in diesem Bergwerk kam es zu einem Unglück.

4 Sie blickte mich ruhig an und verzog keine _____.

5 Es ist nicht ihr _____, laut zu schreien und zu schimpfen.

6 Die Hexe schnappte den Besen, setzte sich auf den _____ und flog davon.

7 _____ Erwarten gewann die auswärtige Mannschaft das Match.

8 Kannst du bitte bald _____ vorbeikommen?

53 Ergänze die Lücken richtig.

✳
✳

1 Wir probten das L_____ schon zum dritten Mal.

2 Wir hatten w_____ Erwarten den Aufstieg ins Finale geschafft.

3 Tom freut sich schon auf das W_____ mit seinem Freund aus dem
vorigen Urlaub.

4 „Ich habe keine Ahnung, wovon Sie sprechen", erw_____ der Verdächtige.

5 Bei der Verhaftung leisteten die Täter heftigen W_____.

6 Oh je, die M_____ von meinem Druckbleistift ist zu Ende.

7 „Wie bitte? Kannst du das bitte w_____, ich habe dich nicht
verstanden."

Bitte umblättern! ↩

8 „Nein, du siehst das falsch! Ich muss dir w_____.‟

9 „Jetzt zieh nicht so eine M_____, so schlecht schmeckt das Essen auch

w_____ nicht!‟

54 Schau genau! Hier hat jemand die verschiedenen Bedeutungen von
wieder/wider und Stiel/Stil nicht beachtet. Findest du alle sechs Fehler?
Markiere sie und schreibe die Verbesserung auf die Zeilen. Schreibe mit den
verbesserten Wörtern jeweils einen Satz auf die Zeilen unten.

Ich muss Ihnen heftig widersprechen, wenn Sie   _____

behaupten, ich würde mich ständig widerholen!   _____

Das ist überhaupt nicht mein Stil. Wieder Erwarten   _____

musste ich das von mir soeben vorgetragene Lied   _____

aber heute tatsächlich zweimal singen.   _____

Das wird mir hoffentlich nie wider passieren, denn   _____

der Grund dafür ist: Beim ersten Mal brach der Stil   _____

des Mikrofons. Ich verzog zwar keine Mine und   _____

sang weiter, aber der Techniker gab mir ein Zeichen,   _____

dass ich abbrechen sollte. Obwohl ich mit   _____

einer deutlichen Handgeste widersprach, kappte er   _____

wieder meinen Willen die Stromzufuhr.   _____

_____

_____

_____

_____

_____

_____

_____

_____

_____

_____

_____

_____

B Ähnlich klingende Vokale (Selbstlaute) und Diphthonge (Zwielaute)

TIPP

ä oder e, äu oder eu?
Diese Laute lassen sich beim Hören oft nicht unterscheiden. Hier hilft dir die **Verwandtschaftsprobe**: Wörter aus einer Wortfamilie – also verwandte Wörter – schreibt man gleich.
sägen, die Säge, zersägt
segnen, der Segen, gesegnet
heulen, das Heulen, verheult
schnäuzen, die Schnauze, geschnäuzt

55

* Ergänze die Lücken der verwandten Wörter richtig mit ä oder e, äu oder eu. Schreibe dann mit diesen Wörtern drei Sätze auf die Zeilen. Baue in jedem Satz möglichst viele Wörter ein. Schlage unbekannte Wörter in einem (Online-) Wörterbuch nach.

1 Farbe: f____rben, einf____rbig, mehrf____rbig, verf____rbt, abf____rben

2 Tat: T____ter, bet____tigen, t____tig

3 kaufen: Verk____fer, K____ferin, verk____flich

4 Schranke: einschr____nken, beschr____nken, verschr____nken

5 Herr: h____rrschen, H____rrscher, h____rrlich, beh____rrschen

6 währen *(dauern)*: bew____hren, W____hrung, Bew____hrung, fortw____hrend

7 Drang: dr____ngeln, Dr____ngler, Gedr____nge

8 falten: einf____ltig, vielf____ltig

9 klar: kl____ren, Kl____ranlage, erkl____ren, Erkl____rung

10 lahm: l____hmend, gel____hmt, L____hmung

11 heulen: verh____lt, losh____len, aufh____len

12 Schatz: sch____tzen, gesch____tzt, versch____tzen, Sch____tzung

13 Schleuse *(Übergang für Schiffe zwischen zwei Wasserstandshöhen)*:

durchschl____sen, einschl____sen

14 verlassen: verl____sslich, Verl____sslichkeit

15 Zahl: z____hlen, Schrittz____hler, z____hlbar

_____

_____

_____

56 Füge die Silben bzw. Buchstaben aus der Box richtig ein.

> Eu • Eu • eu • eu • eu • eu • e • e • äu • ä • ä
> ä • ä • ä • ä • ä • ä • ä • ä • ä • ä • ä

1 Die W_ä_hrung in vielen Ländern ____ropas heißt ____ro.

2 Ich sch____tze deine Ver____lsslichkeit und fr____e mich darüber.

3 Die vielf____ltigen Sch____tze unseres H____rrscherhauses sind beinahe

   unz____hlbar.

4 Sie konnten eine Spionin einschl____sen.

5 Sie verschr____nkte die H____nde.

6 Es war, als würde man eine Schl____se öffnen: Kerstin beh____rrschte sich nicht

   mehr und h____lte los wie eine kleine Sirene.

7 Kannst du mir das bitte erkl____ren?

8 Seit dem Unfall ist Eringard gel____hmt.

9 Der Verd____chtige griff den Verk____fer t____tlich an und verletzte ihn leicht.

10 Was ist denn das für ein Gedr____nge?

> *abwärts, ächzen, ähnlich, Ähre,*
> *allmählich, aufwärts, Bär, beschäftigen,*
> *bestätigen, beträchtlich, dämmern, fähig,*
> *gähnen, Käfer, Käfig, Käse, Kapitän,*
> *Knäuel, Krähe, krähen, Mädchen, Mähne,*
> *Märchen, März, räuspern, Säge, Schädel,*
> *schräg, Säule, Träne, überschwänglich*

ES GIBT EIN PAAR WÖRTER MIT Ä ODER ÄU, DIE KEINE GROßE WORTFAMILIE HABEN. DIESE WÖRTER MUSST DU DIR EINPRÄGEN!

57 Schreibe die Wörter aus der Box einmal in dein Heft und sprich sie dabei laut aus.

58 Entziffere die Wörter und schreibe sie richtig auf die Zeile. Schreibe mit den Wörtern Sätze in dein Heft. Schaffst du es, alle Wörter zu verwenden?

rBä	_Bär_____	seKä	_____
heKrä	_____	pitänKa	_____
ghnäne	_____	reÄh	_____
merndäm	_____	mählichall	_____

leSäu	_____	stätigenbe	_____
wärtsab	_____	chenMär	_____
higfä	_____	lichähn	_____
schwänglichüber	_____	geSä	_____

59 ✱ ✱ Kannst du die Geschichte richtig ergänzen? Mit den Wörtern aus der Box auf Seite 34 kannst du es schaffen.

Pass mal auf, heute erzähle ich dir etwas, das ist kein M _ärchen_____, sondern

wahr. Es klingt vielleicht ein bisschen s_____, aber ich kann dir

b_____, dass sich die Geschichte so oder so ä_____

zugetragen hat. Eine K_____ befreite einen B_____ aus einem

K_____. Mit einer kleinen, scharfen S_____ schaffte

sie es a_____, das Schloss zu öffnen. Das Ganze geschah im

Monat M_____. Der B_____ konnte leider keine T_____ der

Freude vergießen, weil er nicht weinen kann. Aber er bedankte sich

ü_____, schüttelte seinen mächtigen S_____

und trabte den Hügel a_____ in Richtung Gipfel.

TIPP

ei oder ai?
Die meisten Wörter schreibt man mit ei. Am besten, du prägst
dir die Wörter mit ai gut ein.
*Hai, Kaiser, Laib (Brot), Laich (Fisch- oder Froscheier), Mais,
Mai, Saite (eines Instrumentes), Waise (Kind ohne Eltern),
Laie / Laiin (kein Profi), Saison, Taille*

60 ✱ Lies laut und trage das richtige Wort mit ai ein.

Der _Hai_ schwimmt im Meer.

Bald ist _____.

Die Fische legen ihren _____ ab.

Popcorn wird aus _____ gemacht.

Ich singe nur zum Spaß, ich bin _____.

Der _____ regiert.

Ich kaufe einen _____ Brot.

Die Gitarre hat sechs _____.

Das Kind ist _____.

Die Schi_____ beginnt bald.

61 ✱ ✱ ✱ Findest du alle zehn versteckten Wörter mit ai und ei? Sie können von links nach rechts und von oben nach unten stehen. Schreibe die Wörter danach auf die Zeilen. Beachte dabei die Groß- und Kleinschreibung.

K	D	A	R	D	F	A	U	S	A	I	T	E	I
A	I	N	F	L	P	T	H	Z	A	L	Ö	W	H
I	K	Z	G	I	O	G	O	Ö	F	H	A	T	B
S	F	E	F	Ü	M	E	I	S	T	E	N	S	M
E	G	I	D	K	B	W	S	D	I	R	Z	Q	K
R	K	G	V	S	N	V	Ü	S	J	F	T	I	L
B	A	E	C	G	E	I	S	T	W	P	G	K	W
X	J	K	K	N	M	Q	S	V	A	A	L	L	D
R	M	A	E	Q	X	W	E	R	I	B	Ä	Ö	R
I	O	Z	T	A	I	L	L	E	S	Z	J	A	E
G	P	A	A	V	N	J	E	T	E	T	A	Ü	I
P	Ö	Ö	B	J	R	P	M	Z	R	U	H	Q	S
L	A	I	E	D	Z	A	N	R	A	N	Z	T	T
A	B	Q	S	A	I	E	R	E	I	S	E	V	Ö

_____

_____

_____

62 ✱ ✱ Hier hat sich in jedem Satz bei der Schreibung von ei/ai ein Fehler eingeschlichen. Kannst du ihn finden? Schreibe die Verbesserung auf die Zeile.

1 Mein Vater ist Leienschauspieler in einem kleinen Theater. _____

2 Leider wurde der Autor im Mei des Jahres 1899 Waise. _____

3 Maistens reist Adalbert alleine in die Schisaison. _____

4 Messen Sie die Maße Ihrer Teile und teilen Sie diese durch zwei. _____

5 Hier scheinen kaine weiteren Steine mehr aufzutauchen. _____

6 Im Teich befindet sich heuer anscheinend viel Froschleich. _____

7 Die dreisten Diebe stahlen den versteinerten Heizahn. _____

8 Ist Meis eigentlich ein Getreide? _____

9 Beim Kaiser zu verwailen galt zwar als Ehre, war aber oft langweilig. _____

10 Bitte entschuldige, die Sache tut mir sehr laid. _____

C **Der Auslaut am Wortende**

TIPP

b oder p, d oder t, g oder k?

Ob der Konsonant (Mitlaut) am Ende eines Wortes weich oder hart gesprochen wird, kannst du besser hören, wenn du das Wort verlängerst.

So kannst du die **Verlängerungsprobe** einfach durchführen:

- **Nomen** (Namenwörter): Bilde den **Plural** (Mehrzahl) oder den **Genitiv** (2. Fall)! Sprich die Wörter laut aus und höre genau hin, wo du den Mitlaut besser hören kannst.
  *Hu**d** / Hu**t**?* → *die Hüte / des Hutes* → *der Hu**t***
  *Ta**g** / Ta**k**?* → *die Tage / des Tages* → *der Ta**g***

- **Verben** (Zeitwörter): Bilde den **Infinitiv** (Nennform) oder das **Präteritum** (Mitvergangenheit) mit „wir"! Sprich die Wörter laut aus und höre genau hin, wo du den Mitlaut besser hören kannst.
  *schrie**b** / schrie**p**?* → *schrei**b**en / wir schrie**b**en* → *schrie**b***
  *ga**b** / ga**p**?* → *ge**b**en / wir ga**b**en* → *ga**b***

- **Adjektive** (Eigenschaftswörter): **Steigere** sie oder ergänze die Pluralendung -e!
  *gro**b** / gro**p**?* → *grö**b**er, gro**b**e* → *gro**b***
  *schlan**g** / schlan**k**?* → *schlan**k**er, schlan**k**e* → *schlan**k***

Wissen

Üben

---

63 Führe mit den Nomen (Namenwörtern) die Verlängerungsprobe durch.

*

1 Agend / Agent? *die Agenten* / *des Agenten* → *der Agent*

2 Astronaud / Astronaut? _____ / _____ → _____

3 Bang / Bank? _____ / _____ → _____

4 Stab / Stap? _____ / _____ → _____

5 Anwald / Anwalt? _____ / _____ → _____

6 Schild / Schilt? _____ / _____ → _____

7 Gang / Gangk? _____ / _____ → _____

8 Tyb / Typ? _____ / _____ → _____

9 Takd / Tagt? _____ / _____ → _____

10 Krug / Kruk? _____ / _____ → _____

64 Führe mit den Verben (Zeitwörtern) die Verlängerungsprobe durch.

*

1 absolvierd / absolviert? *absolvieren* / *wir absolvierten* → *absolviert*

2 addierd / addiert? _____ / _____ → _____

3 fassd / fasst? _____ / _____ → _____

4 hield / hielt? _____ / _____ → _____

5 betrog / betrok? _____ / _____ → _____

6 bat / bad? _____ / _____ → _____

7 blieb / bliep? _____ / _____ → _____

8 dösd / döst? _____ / _____ → _____

9 gelang / gelank? _____ / _____ → _____

10 googeld / googelt? _____ / _____ → _____

11 lud / lut? _____ / _____ → _____

12 rülpsd / rülpst? _____ / _____ → _____

13 starb / starp? _____ / _____ → _____

14 zog / zok? _____ / _____ → _____

65 Führe mit den Adjektiven (Eigenschaftswörtern) die Verlängerungsprobe durch.

*

1 arrogand / arrogant? *arroganter* / *arrogante* → *arrogant*

2 ald / alt? _____ / _____ → _____

3 jung / junk? _____ / _____ → _____

4 blind / blint? _____ / _____ → _____

5 dreisd / dreist? _____ / _____ → _____

6 dringend / dringent? _____ / _____ → _____

7 heftig / heftik? _____ / _____ → _____

8 rund / runt? _____ / _____ → _____

9 privad / privat? _____ / _____ → _____

10 riskand / riskant? _____ / _____ → _____

11 schräg / schräk? _____ / _____ → _____

12 billig / billik? _____ / _____ → _____

13 berühmd / berühmt? _____ / _____ → _____

14 rüstig / rüstik? _____ / _____ → _____

TIPP

Auch die Frage, ob **-ig oder -ich** am Ende eines Adjektivs oder Adverbs (Umstandswort) steht, kannst du mit der Verlängerungsprobe prüfen. Bist du dann immer noch unsicher, so schlage im Wörterbuch nach.

deut**lig** → deut**lich?** → deut**lich**er, deut**lich**e → deut**lich**

---

66 Führe die Verlängerungsprobe durch.

✳

1 andächtig/andächtich?   _andächtiger_ / _andächtige_ → _andächtig_

2 einfältig/einfältich?   _____ / _____ → _____

3 fähig/fähich?   _____ / _____ → _____

4 flüssig/flüssich?   _____ / _____ → _____

5 gewaltig/gewaltich?   _____ / _____ → _____

6 großzügig/großzügich?   _____ / _____ → _____

7 mäßig/mäßich?   _____ / _____ → _____

8 sachlich/sachig?   _____ / _____ → _____

9 schmächtig/schmächtich?   _____ / _____ → _____

10 verlässig/verlässlich?   _____ / _____ → _____

11 zottelig/zottelich?   _____ / _____ → _____

---

67 Trage die fehlenden Endungen b/p, d/t, g/k oder -ig/-ich richtig ein.

✳
✳
✳

du addiers _t_____   die grüne Ban_____   der Agen_____

heft_____   großzüg_____   der Gan_____

der Ty_____   der Ta_____   der Kru_____

andächt_____   dreis_____   der Anwal_____

sie absolvier_____   die Prüfung gelan_____   er fass_____

sie hiel_____   sie betro_____   er blie_____

Milo dös_____   Tina googel_____   berühm_____

sie lu_____   der Hund star_____   er zo_____

arrogan_____   das Schil_____   jun_____

blin_____   rüst_____   dringen_____

run_____   fäh_____   der Sta_____

---

68 Ergänze die Auslaute am Wortende richtig. Schaffst du alle?

✳
✳
✳

Gähnen

Ab dem dritten Mona__ im Mutterlei__ beginn__ die große Langeweile – der Fötus

gähn__. Das ganze Leben hindurch wird weiter gegähn__. Mun__ und Schlun__

aufreißen, Augen zu, Luf__ einziehen und mit hässlichem Schnarren wieder

aushauchen. Die Han__ halten wir uns vor den Mun__, ursprüngl____ wahrscheinl____,

damit die Seele nicht abhau__. Inzwischen dien__ das „Han__ vor den Mun__" eher der

Unterscheidun__ zwischen gu__ und schlech__ Erzogenen, die draußen herumlaufen.

Aber was soll das Gähnen? Warum läss__ uns das Gehirn so etwas machen? Warum

steck__ es andere an? Selbs__ wenn wir daran denken, müssen wir manchmal gähnen.

Vielleicht muss__ Du* sogar gähnen, wenn Du das hier lies__. Klar, wir gähnen, wenn

wir müde sind, besonders of__. Aber wir gähnen auch of__ nach dem Aufstehen. Und

vor Prüfungen. Leittiere gähnen öfter als untergebene Tiere, zumindest bei Affen. […]

Alexander Rösler/Philipp Sterzer/Kai Pannen: 29 Fenster zum Gehirn. Genial einfach erklärt, was in
unserem Kopf passiert. Würzburg: Arena Verlag 2013, S. 16

* Im Originaltext großgeschrieben

D Spezialfälle bei Konsonanten (Mitlauten): chs, x, cks, gs

ACHTUNG

chs, x, ks, cks oder gs?
Diese Laute lassen sich beim Hören oft nicht unterscheiden. Sie richten sich auch nach keiner Regel. Bei Wörtern mit **gs** und **cks** hilft dir die **Verwandtschaftsprobe**: Wörter aus einer Wortfamilie – also verwandte Wörter – schreibt man gleich.
flugs, fliegen, Flug, flog
anfangs, Anfang, anfangen
Glückszahl, glücklich, glücken
Klecks, klecksen, kleckern

TIPP

- Am Anfang steht der [ks]-Laut immer als „X": *Xylophon, Xaver*
- Tiere werden immer mit chs geschrieben: *Fuchs, Luchs, Echse* Ausnahme: *Hengst*

69

✳

Schreibe die Wörter richtig auf die Zeilen. Markiere chs, cks, ks, chs und x jeweils in einer anderen Farbe. Schreibe dann mit den Wörtern drei Sätze in dein Heft. Schaffst du es, möglichst viele Wörter in einen Satz einzubauen?

> fix und fertig ▪ links ▪ neuerdings ▪ Bezirksgericht ▪ Mucks
> perplex *(sehr erstaunt, überrascht)* ▪ mittags ▪ Lachs ▪ mixen
> Praxis ▪ Text ▪ Tricks ▪ Parks ▪ Achsel ▪ Angst ▪ Wachs
> wechseln ▪ tagsüber ▪ Keks ▪ piksen ▪ halbwegs
> Volkshochschule ▪ erbarmungslos ▪ Dachs ▪ Expertin
> Glücksbringer ▪ Luchs ▪ Kleckserei ▪ Knacks ▪ Knicks

gs:

_____   _____

_____   _____

_____   _____

cks:

_____   _____

_____   _____

_____   _____

ks:

_____   _____

_____   _____

_____   _____

chs:

_____   _____

_____   _____

_____   _____

x:

_____   _____

_____   _____

_____   _____

70 Welche Wörter haben sich hier versteckt? Reihe die Buchstaben richtig.

losungserbarm _erbarmungslos_   seEch _____

xAt _____   umrings _____

perteEx _____   xeHe _____

ckKlas _____   kKes _____

xperple _____   senpik _____

tagsmit _____   chsLa _____

xemin _____   xisPra _____

xTet _____   ckTris _____

ksinl _____   cksKli _____

ksKlecerei _____   neuergsdin _____

ksBezirgericht _____   gsHent _____

71 Ergänze die Lücken mit der richtigen Schreibweise des [ks]-Lauts. Wenn du unsicher bist, lies bei den Wörtern in Übung 69 und den Erklärungen auf Seite 40 nach.

1 Ich habe keine An_____t davor, mit dem Hen_____t auszureiten.

2 Das neue _____ylophon meiner Schwester ist aus Holz.

3 Ma_____t du Fü_____e, Da_____e, La_____e oder Lu_____e lieber?

4 Wenn ich ihn sehe, kann ich nur mit den A_____eln zucken und die Straßenseite

we_____eln.

5 Meine Tante unterrichtet an der Vol_____hochschule Vol_____musik. Sie ist eine

bekannte E_____pertin.

6 Sind die Ke_____e halbwe_____ gelungen?

7 Das Mädchen begrüßt die Queen mit einem Kni_____, diesen zu lernen, war kein

Kla_____.

8 Diese Tri_____ beherrsche ich mit lin_____.

9 Eide_____en sind lustig anzusehende Tiere.

10 Mitta_____ sind in den Par_____ viele Menschen.

11 Anfan_____ war ich schüchtern, ich habe kaum ein Wort mit den anderen

gewe_____elt.

12 Die Pra_____is hat zur Mitta_____zeit geschlossen.

© VERITAS-Verlag, Linz. – Durchstarten Deutsch 2. Klasse Mittelschule / AHS. Rechtschreibung

13 Ihr geht es halbwe_____ gut.

14 So, jetzt ist der Te_____t fi_____ und fertig.

15 Psst, mach bitte keinen Mu_____, sonst verschreckst du den Lu_____.

16 Eulen sind nachtaktiv und schlafen meistens ta_____über.

17 Meine Glü_____zahl ist die Drei, welche ist deine?

72 Löse das Kreuzworträtsel.

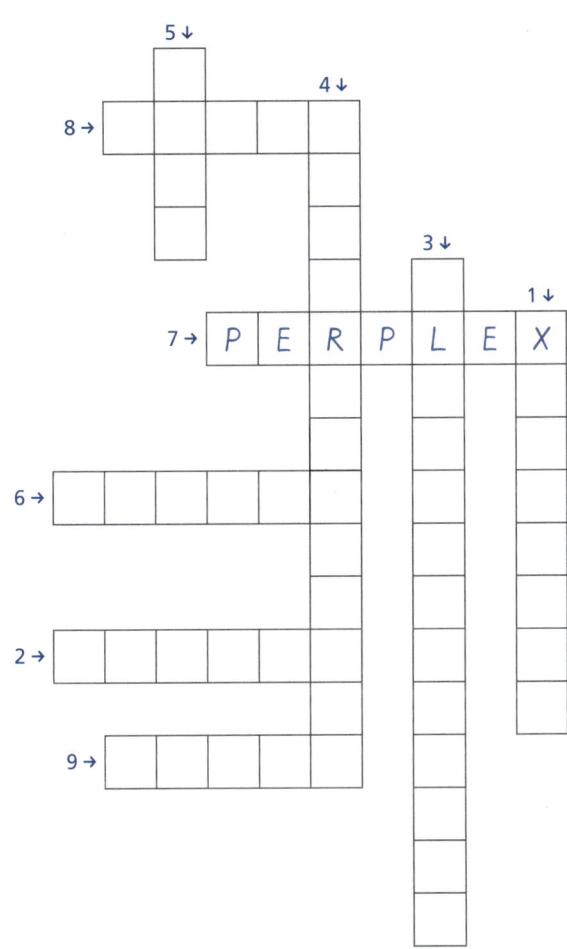

1 Musikinstrument, das aus angeordneten Holzstäben besteht, die mit einem Schlägel angeschlagen werden.

2 Unter der Schulter befindet sich die …

3 Der vierblättrige Klee gilt als …

4 Wenn jemand kein Erbarmen hat, dann ist er …

5 Im Deutschunterricht schreibt man häufig einen …

6 Mit einer Nadel kann man sich leicht aus Versehen in den Finger …

7 Wenn man sehr erstaunt ist, ist man …

8 Zu Weihnachten werden traditionell … gebacken.

9 Wenn man ganz still und ruhig ist, dann macht man keinen …

E **Spezialfälle bei Konsonanten (Mitlauten): Tod- / tod-, Tot- / tot-**

REGEL

Tod- / tod- verwendest du:

- bei Zusammensetzungen mit **Adjektiven** (Eigenschaftswörtern)
  → *todernst, todunglücklich*
- bei Endungen auf **-es** → *Todesangst, Todesursache, Todeskampf*
- wenn der Tod als **Person** gemeint ist oder **Eigenschaften**, die mit dem Tod zu tun haben → *Gevatter Tod, tödlich, Todsünde*

Tot- / tot- verwendest du:

- bei Zusammensetzungen mit **Verben** (Zeitwörtern) und Wörtern, die du davon ableitest → *totschlagen, Totschlag, sich totlachen*
- bei Endungen auf **-en** → *Totenfeier, Totenschädel, Totenbett, Totenwache*
- wenn jemand oder etwas wirklich tot ist → *die / der Tote, töten*

---

73 Lies die Sätze laut, präge dir die Wörter gut ein und ergänze d.

✳

1 Gevatter To__ ist ein finsterer Geselle.

2 Das ist ein sehr schlimmes Vergehen. Im Christentum nennt man es To__sünde.

3 Ich bin so verliebt, aber sie sieht mich nicht! Ich bin to__unglücklich.

4 In der Europäischen Union gibt es keine To__esstrafe.

5 Der Kommissar rätselt über die To__esursache.

6 Der Unfall verlief tö__lich.

---

74 Findest du alle Wörter in der Wortschlange? Schreibe sie auf die Zeilen. Achte

✳ auch auf die Groß- und Kleinschreibung. Achtung: Es haben sich zwei falsche

✳ Buchstaben eingeschlichen. Streiche sie aus.

✳ TODESANGST|TODESSURSACHETODSSÜNDETÖDLICHTODESSTRAFE
TODUNGLÜCKLICHTODESTAG

75 Lies die Sätze laut, präge dir die Wörter gut ein und ergänze t.

✱

1 Katzen tö__en ihre Beute oft nicht sofort, sondern spielen zuvor damit.

2 Ich bin froh, dass ich kein Ritter bin und andere to__schlagen muss.

3 Früher hielten die Menschen zu Hause bei den Verstorbenen To__enwache.

4 Zur To__enfeier waren viele Ehrengäste geladen.

5 Der Arzt stellte den To__enschein aus.

6 Ich konnte mich von meiner Oma an ihrem To__enbett verabschieden.

7 Von berühmten Menschen werden oft To__enmasken angefertigt.

8 Friedhöfe werden vom Gesetz durch die To__enruhe geschützt.

9 Hast du schon einmal einen To__enschädel genauer betrachtet?

10 Ui, dieses Thema ist wirklich nicht zum To__lachen.

76 Findest du alle Wörter in der Wortschlange? Schreibe sie auf die Zeilen. Achte

✱ auch auf die Groß- und Kleinschreibung. Achtung: Es haben sich zwei falsche

✱ Buchstaben eingeschlichen. Streiche sie aus.

✱

TOTSCHLAGEN|TOTENMASKETOTENFEIERTOTENSCHEINTOTENSCHÄDEL
TODTENRUHETOTETÖTENTOTDLACHEN

_____

_____

_____

77 Verbinde die Silben in den Spalten richtig zu Wörtern und schreibe sie auf die

✱ Zeilen.

✱

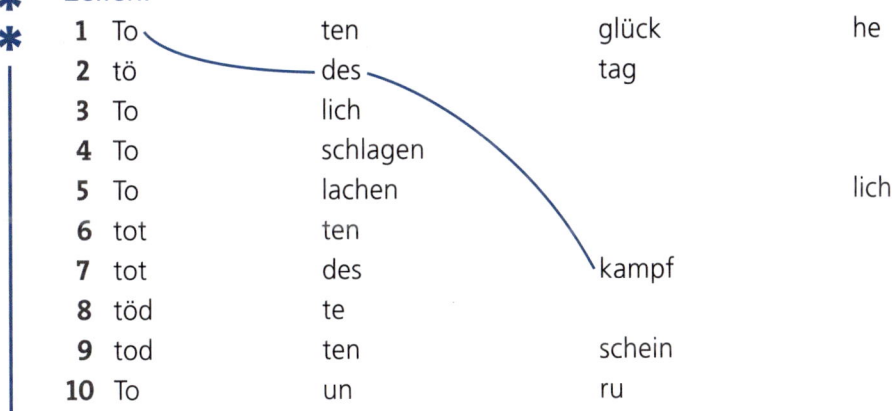

1 To	ten	glück	he
2 tö	des	tag	
3 To	lich		
4 To	schlagen		
5 To	lachen		lich
6 tot	ten		
7 tot	des	kampf	
8 töd	te		
9 tod	ten	schein	
10 To	un	ru	

_____

_____

_____

78 Lies den Text zum Thema „Tod" und trage die Buchstaben aus der Box richtig ein.

d ▪ d ▪ d ▪ d ▪ d ▪ d ▪ d ▪ d ▪ d ▪ d
t ▪ t ▪ t ▪ t ▪ t

Für viele Menschen ist der To_d_ ein heikles Thema. In vielen Märchen und Sagen taucht

Gevatter To__ auf: Meistens wird er als dunkel und gefährlich dargestellt. Besonders

schlimme Vergehen gegen die Gesetze oder die Moral wurden lange Zeit ganz

selbstverständlich mit der To__esstrafe bestraft. Auch Gläubige, die eine To__sünde

begangen hatten, litten To__esangst. Denn sie mussten damit rechnen, dass es ihnen

nach dem To__ schlecht ergehen werde. Jemanden zu tö__en war beispielsweise so ein

Verbrechen. Es gibt allerdings ein Wort, das positiv besetzt ist: sich to__lachen.

Die To__enwache am To__enbett hatte lange Zeit Tradition. Im To__enschein werden

To__esursache und To__estag sowie der To__eszeitpunkt eingetragen. Mit tö__licher

Genauigkeit, sozusagen.

79 Löse das Kreuzworträtsel.

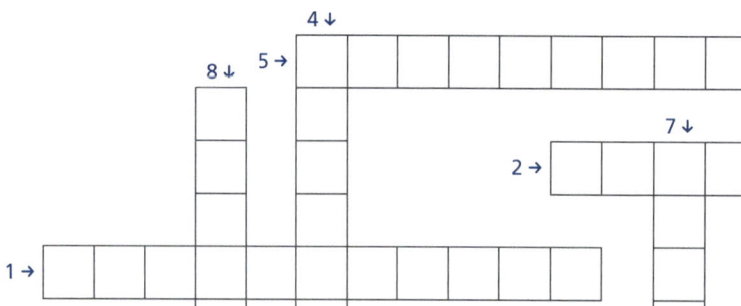
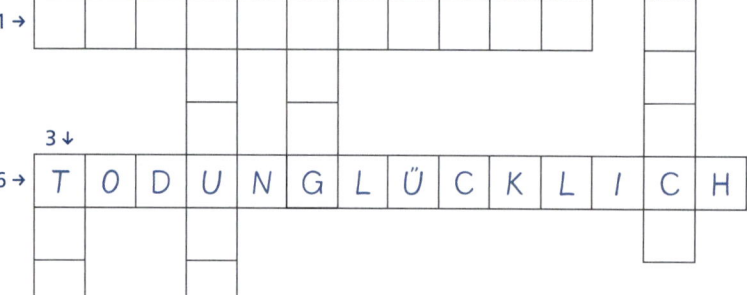

1 dieses Formular enthält die Todesursache und den Todeszeitpunkt: der …

2 so viel lachen, dass man denkt, man würde sterben: sich …

3 Figur in Märchen und Sagen: Gevatter …

4 „Gegenteil" von Geburtstag

5 sehr große Angst; die Angst zu sterben

6 sehr unglücklich

7 Er ist an einer Krankheit verstorben. Die Krankheit war …

8 Auf Friedhöfen und bei Grabstätten gilt per Gesetz die …

80 Und zum Abschluss: Jetzt bist du Profi – finde und korrigiere in den folgenden Sätzen alle sieben Fehler bei d/t. Schreibe dann mit jedem korrigierten Wort einen Satz auf die Zeilen.

1 Jemanden zu ermorden wird im Christentum als Totsünde bezeichnet.

2 In Märchen und Sagen trifft man oft auf Gevatter Tot.

3 Manche Menschen verspüren in der Achterbahn Totesangst.

4 Auf dem Totenschein werden Todesursache und Todeszeitpunkt eingetragen.

5 Mein Opa hat sich für seine Totenfeier Harfenmusik gewünscht.

6 Ui, schau mal. In dieser Gruft* liegen Gebeine und Todenschädel.

7 Ich kann zwar eigentlich keiner Fliege etwas zuleide tun, aber wenn sie mich zu sehr nervt und ständig summt, muss ich sie dann doch todschlagen.

8 Aus Liebeskummer kann man schon mal so richtig todunglücklich sein.

9 Nach ein paar Jahren ist es dann oft zum Totlachen, was man aus Verliebtheit alles getan hat.

10 In den Weltkriegen gab es viele Millionen Tote.

11 Das sanfte Tier könnte niemals einen Menschen töden.

12 Der tötliche Unfall ereignete sich um 15 Uhr.

* Grabstätte, Grabgewölbe

_____

_____

_____

_____

_____

_____

_____

_____

Ich hasse Achterbahnfahrten!

F Spezialfälle bei Konsonanten (Mitlauten): f, v, ph

REGEL

f, v oder ph?

Für den f-Laut gibt es drei Schreibweisen:

- f: *Fuß, fallen, falls, Fahrrad, färben, Abfluss, Harfe*
- v: *Vogel, Volk, völlig, vorne, Kurve, Vieh, Pulver*
- ph: *Physik, Alphabet, Triumph*

81 Welche Wörter mit f haben sich hier versteckt? Bring die Buchstaben in die richtige Reihenfolge. Sprich die Wörter laut aus und schreibe sie richtig auf die Zeilen. Kennst du alle? Wenn nicht, dann schlage sie im Wörterbuch nach.

mmeFal	*Flamme*	lenfüh	
zinierenfas		fälensch	
asFs		Famieil	
gurFi		orFm	
ifeg		enfehl	
ßigflei		ssfeeln	
luFt		bandFließ	
hfeuct		tografFo	

82 Lies die folgenden Wörter mit f/v in Spiegelschrift von hinten nach vorne. Sprich die Wörter laut aus, höre bewusst auf den [f]-Laut und schreibe sie richtig auf die Zeile. Kennst du alle Wörter? Wenn nicht, dann schlage sie im Wörterbuch nach.

noitamrofnI	*Information*	tarefeR	
itorP		evresnoK	
evruK		givren	
retaV		notorkiM	
tofos		heiV	
leiv		negolfeb	
nebräfrev		llov	
ebraF		oediV	
egloF		nroklloV	
naF		refiE	

83 F/f oder V/v? Ergänze richtig. Die Wörter aus dem „Regel"-Kasten und den beiden Übungen auf Seite 48 helfen dir. Schreibe mit zehn dieser Wörter acht Sätze auf die Zeilen.

✱
✱

1 Das V ieh stand auf der Weide, die __ögel zwitscherten und ich machte ein __oto.

2 Beim Training ist Lina __oller Ei__er bei der Sache.

3 Mein T-Shirt ist __orne __öllig ver__ärbt.

4 Er liebt es, wenn er sich mit dem __ahrrad in die Kur__e legt.

5 Sie hielt das Re__erat wie ein Pro__i.

6 Die Har__e hat mir sehr ge__allen.

7 Ilan liebt Fisch aus der Konser__e.

8 Mein __ater ist ein __an von __ollkornprodukten.

9 Gib mir bitte so__ort das Mikro__on!

10 Nur widerwillig be__olgen die Kinder die Regeln der Direktorin.

11 Das ge__älschte __ideo wurde gleich gelöscht.

12 In dem neuen Kleid möchte ich auf der Party eine gute __igur machen.

13 __asziniert blickte der __otograf durch die Kamera.

14 Meine __amilie __ilmt im Alltag __iel mit dem Smartphone.

15 Um den Schokoladenkuchen backen zu können, braucht Tom eine Packung Backpul__er.

_____

_____

_____

_____

_____

_____

_____

_____

_____

_____

_____

_____

_____

TIPP

- **Ph**/**ph** für den f-Laut kommt **nur in Fremdwörtern** vor.
  Alphabet, Alpha, Asphalt, asphaltieren, Atmosphäre, atmosphärisch, Geografie / Geographie, Delfin / Delphin, Phänomen, Physik, Strophe, Triumph
- In Fremdwörtern kann **v** auch **wie w ausgesprochen** werden.
  Absolvent / in, absolvieren, Aktivierung, aktivieren, Diva, Karneval, Kaviar, Manöver, Motivation, Navigation, Niveau, oval, privat, Proviant, renovieren, Revanche, Revolver, Souvenir, Vampir, Vehikel, Vene, Version, Villa, Violine, Vitamin, violett, Visum, Volleyball, Vulkan

---

84 In diesen Erklärungen für Fremdwörter mit ph fehlt der [f]-Laut. Ergänze ihn richtig.

✱

1 Das ABC heißt eigentlich Al _ph_ abet, weil im Griechischen der erste Buchstabe

Al_____a heißt.

2 Für den Straßenbau verwendet man As_____alt.

3 Die Atmos_____äre schützt die Erde vor schädlicher Strahlung aus dem All.

4 Geogra_____ie / Geogra_____ie und _____ysik sind meine Lieblingsfächer.

5 Oh, was für ein süßer Del_____in / Del_____in!

6 Ein _____änomen meint etwas, das sich beobachten oder erfahren lässt, z. B.

Wetter_____änomene.

7 Eine Stro_____e ist ein bestimmter Abschnitt in einem Lied oder einem Gedicht.

8 Mit Trium_____ meint man einen besonders herausragenden, mit großer Freude oder

Genugtuung erlebten Sieg.

9 Das As_____altieren von Straßen ist im Sommer enorm anstrengend.

---

85 In diesen Erklärungen für die Fremdwörter mit v fehlen Buchstaben. Ergänze sie

✱

✱ richtig.

1 Jemand, die oder der eine Schule oder eine Ausbildung abgeschlossen ist, ist eine

Ab_____ _solven_ _____tin / ein Ab_____ _solven_ _____t.

2 Etwas oder jemanden ak_____ren meint, etwas starten oder jemanden in die

Gänge bringen. Beispielsweise eine App am Smartphone oder Sportlerinnen und

Sportler beim Training.

3 Eine glamouröse und etwas komplizierte Schauspielerin oder Sängerin nennt man

eine D_____a.

4 In Österreich sagt man Fasching, in Deutschland K_____l.

5 Als Ka_____r bezeichnet man bestimmte, hochwertige Fischeier. Diese

Fischeier sind sehr teuer.

6 Ein Ma_____er ist eine gezielte, organisierte Vorgangsweise. Zum Beispiel

beim Militär. Es gibt auch den Ausdruck „Überholma_____er" im

Straßenverkehr.

7 Es gibt immer weniger Landkarten und Stadtpläne auf Papier. Die meisten

Menschen orientieren sich über Na_____ionssysteme auf ihren Smartphones.

8 Pro_____nt meint den Essens- und Getränkevorrat für eine Reise, Wanderung

usw.

9 Wenn wir Karten spielen und du gewinnst, dann will ich noch eine Runde spielen,

damit ich Re_____che nehmen kann.

10 Ein Sou_____nir ist ein Mitbringsel von einer Reise.

TIPP

Die Endung **-iv bei Fremdwörtern** wird immer mit **v** geschrieben.
Adjektiv, aggressiv, Akkusativ, aktiv, Genitiv, Dativ, Imperativ, informativ, intensiv, kreativ, Motiv, Nominativ, Stativ, Substantiv, Superlativ

Um herauszufinden, ob f die richtige Schreibweise ist, kann dir die Verwandtschaftsprobe helfen. Wenn du trotz der Probe unsicher bist, schlage im Wörterbuch nach! Die Wörter mit v und mit ph sowie die Wörter auf -iv präge dir gut ein!

86 Ergänze die fehlende Endung. Wenn du möchtest, kannst du die jeweilige
∗ Schrift nachahmen.

Adjekt_iv_   aggress____   Akkusat____   akt____   **Genit**____

_Dat____   Imperat____   informat____

intens____   **_kreat_____**   **Mot**____   Nominat____

_Stat____   Substant____   **Superlat**____

87 Trage die Wörter aus der Liste oben richtig ein.
∗
∗

1 Der Täter berichtete im Verhör über sein M _otiv____ für das Verbrechen.

2 Lina malt wunderschöne Bilder, sie ist sehr k_____.

3 Hui, die angebratenen Zwiebeln riechen aber i_____.

4 Karolas Referat war sehr i_____.

5 Ich sehe den neuen Film. „Film" steht hier im A_____ und

„ich" im N_____. „neu" ist ein A_____.

6 Olga ist gerade im Chat a_____, ich sehe, dass sie etwas schreibt.

7 Für ein gutes Foto eines Sonnenuntergangs braucht man ein S_____.

8 Pass auf, unser Kater ist heute ein bisschen a_____.

9 Achtung, ein bisschen Grammatik: Der zweite Fall heißt G_____ und

der dritte Fall D_____. Die Befehlsform nennt man auch I_____

und „am besten" steht im S_____.

10 Und wie sagt man noch zum Nomen? – Ich weiß es, man sagt auch noch

S_____.

REGEL

Vorsilben mit v
Vor-/**vor-** und **Ver-**/**ver-** sind häufige Silben am Beginn eines
Wortes:
vortreten, vorstellen, Vorgang
verhören, vertreten, Versteck, verlaufen
Sie können auch verlängert werden:
Vordermann, vorhersagen, Versteckspiel

ACHTUNG

Schau immer genau, ob es sich wirklich um **eine Vorsilbe** handelt. Wenn nicht, dann schreibt man F/f. Präge dir die Wörter gut ein.

Ferien, Ferkel, fern, Ferne, Fernglas, Ferse, fertig
fordern, Forelle, forschen, Forschung, fort

88 Schreibe die Wörter richtig auf die Zeilen.

> fertig ▪ verlassen ▪ Ferkel ▪ Verstand ▪ vorhin ▪ verlieren
> verbessern ▪ vorbereiten ▪ Ferien ▪ vorkommen ▪ forschen
> verlaufen ▪ vorsichtig ▪ fort ▪ Vorhang ▪ fordern

Ver/ver: _____

Vor/vor: _____

Keine Vorsilbe: _____

89 Finde die zwei falschen Wörter in der Zeile und streiche sie durch.

1 Ferien ▪ Ferkel ▪ fertig ▪ verbessern ▪ Ferse ▪ fern ▪ verkaufen ▪ Fernseher

2 Vorhang ▪ Vorschrift ▪ vorsichtig ▪ fordern ▪ vorhin ▪ Vormittag ▪ fort

3 Ferse ▪ versuchen ▪ Verstand ▪ versteckt ▪ Verdacht ▪ Ferien ▪ Vergangenheit

4 Forschung ▪ vorbereiten ▪ fordern ▪ fort ▪ Form ▪ formen ▪ vorsichtig

5 vertreten ▪ Fernglas ▪ verbieten ▪ versuchen ▪ Fernsteuerung ▪ Versteck

90 Wie schnell kannst du alle Wörter aus der Liste finden? Ordne die Buchstaben und schreibe die Wörter richtig auf die Zeilen. Achtung: Bei drei Wörtern hat sich ein Buchstabe dazugeschmuggelt. Findest du alle, dann kennst du auch das „Lösungswort"!

> Ferien ▪ Ferkel ▪ fern ▪ Ferne ▪ Ferse ▪ fertig ▪ fordern
> ~~fort~~ ▪ Forschung ▪ forschen ▪ formen ▪ Forelle

orft *fort* _____   ersFe _____   Felerk _____

feordrn _____   orsFchvung _____   eriFen _____

efrn _____   schenforo _____   rellFoe _____

rrnFee _____   foermn _____   Lösungswort: __ __ __ __

Wissen

Üben

91 Füge die Wörter passend in die Sätze ein. Schreibe dann drei Sätze mit den Wörtern auf die Zeilen. Verwende möglichst viele dieser Wörter in deinen Sätzen.

> fertig ▪ Ferien ▪ ~~verloren~~ ▪ Verlässlichkeit ▪ Verdacht
> verboten ▪ verbessern ▪ verlassen ▪ Ferkel ▪ verschließen
> verzeihen ▪ vorgetäuscht ▪ vorhin ▪ vorsichtig ▪ fordert ▪ fort
> forschen ▪ Versteck ▪ vorkommen ▪ vorbereiten ▪ vermisse

1 Die kleine Prinzessin hat ihre Krone ver _loren_____ .

2 Wer hat die ganze Schokolade gegessen? Ich habe einen Ver_____ .

3 Ich ver_____ meine beste Freundin sehr. Sie kann mir meinen Fehler nicht ver_____ .

4 Ich muss die Schularbeit noch ver_____ .

5 Ich freue mich, dass ich mich auf meine beste Freundin immer ver_____ kann.

6 Sei vor_____ mit diesen Werkzeugen.

7 Das kleine Fer_____ ist hungrig. Laut grunzend fo_____ es Futter.

8 Wo ist denn meine Geldbörse? Sie kann doch nicht einfach fo_____ sein!

9 Über Weihnachten haben wir endlich wieder Fer_____ .

10 Die Wissenschaftlerinnen und Wissenschaftler fo_____ nach einem Medikament gegen die Krankheit.

11 Stopp! Fahrradfahren ist hier ver_____ .

12 Achtung! Der Hamster ist sehr geschickt. Du musst den Käfig gut ver_____ .

13 Die Löwin bringt ihre Jungen in ein sicheres Ver_____ .

14 Dieses Produkt überzeugt durch seine Stabilität und Ver_____ .

15 Was war das vor_____ ? Warum bist du so schnell weggegangen?

16 Es tut mir leid! Es wird nicht wieder vor_____ .

17 Was, das war gar nicht echt? Du hast deine Erkrankung nur vor_____ ?

18 Stör mich bitte nicht. Ich muss mich auf mein Referat vor_____ .

19 Beeil dich! Wann bist du denn endlich fer_____ ?

_____

_____

_____

_____

92 V/v oder F/f? Fülle die Lücken in der rechten Spalte richtig aus. Schreibe dann
die Wörter in die korrekte Spalte. Fallen dir noch mehr Wörter mit V/v oder F/f
ein? Schlage im Wörterbuch nach und schreibe fünf neue Wörter in jede Spalte.

V/v	F/f	
		__erlieren
		__erschluss
		__ortrag
		__ertig
		__ern
		__erlassen
		__orbereiten
		__erse
		__erändern
		__ormel
		__erbieten
		__erstand
		__orhang
		__orschung
		__orsicht
		__erstehen
		__ergessen
		__ornehmen
		__ort
		__erien
		__ampir
		__erkel
		__ordern

G **Gemischte Übungen zur Laut-Buchstaben-Zuordnung**

93 Wörter mit langen Vokalen: In jeder Zeile hat sich ein Buchstabe zu viel
✳ versteckt. Suche diesen Buchstaben und streiche ihn aus. Aus allen gestrichenen
✳ Buchstaben kannst du die Lösungsbotschaft bilden.

1 Zah~~s~~l ▪ fahren ▪ Säge ▪ Saal ▪ Dieb   *s*

2 kahl ▪ Kuuh ▪ Sahne ▪ wahr ▪ lieben   __

3 Maschine ▪ dir ▪ Waapge ▪ Paar ▪ Aal   __

4 Moos ▪ Eehre ▪ biegen ▪ sagen ▪ Boot   __

5 Haarr ▪ Fohlen ▪ sekkieren ▪ Ruf ▪ leer   __

6 siegen ▪ niesen ▪ viel ▪ stehglen ▪ Glas   __

7 Bohne ▪ schwierieg ▪ wieviel ▪ Zoo ▪ Shampoo   __

8 genießemn ▪ Kusine ▪ Teer ▪ doof ▪ Mehl   __

9 Staat ▪ fühlen ▪ Kaaffee ▪ Soße ▪ sieben   __

10 Seele ▪ fechlen ▪ Speer ▪ Griechenland   __

11 amüsieren ▪ Liebe ▪ Tohr ▪ Stiel ▪ Lehne   __

12 Dieb ▪ Tee ▪ Friede ▪ Wahrheitt ▪ wählen   __

94 e , ä, ei, ai, eu, äu: Ergänze richtig. Wenn du unsicher bist, lies vorher im
✳ Abschnitt „Ähnlich klingende Vokale" (Seite 33–35) nach. Tipp: Verwende die
✳ Verwandtschaftsprobe!
✳

der Kleiderst__*ä*__nder   r____dselig sein

sich fr____en   die R____cherst____bchen anzünden

der S____gling   das M____sfeld

der M____baum   sich vor G____stern fürchten

das Wollkn____el   nicht gestern, sondern h____te

das Wohnh____m   der Brotl____b

die Gitarrens____te   sie ist nett und fr____ndlich

die Buchs____te   die Best____tigung

auf etwas best____hen   an der Kr____zung auf Grün warten

einen Baum f____llen   sich die Nase schn____zen

auf Ger____chtigkeit hoffen   sich an jemandem r____chen

95 **Test mit Auswertung**

Ergänze die Lücken. Denke dabei an die langen Vokale (Selbstlaute), an e, ä, ei, ai, eu, äu und an die Verlängerungsprobe für Auslaute.

Über die Nat_u_r wissen w____r im Allgem____nen ja ganz gut Besch____d. Warum

donner____ es? Warum schn____t es? Das lernen wir sch____n in der Schule. Daher

wissen wir, dass es keine Schn____- oder Donnergeister g____b____, sondern dass

hinter Schn____ und Donner n____mand anderes steck____ als die Natur. Die alten

Gr____chen wussten das noch nicht ganz so genau. Hinter Donner und Schn____,

d____chten sie, steckt bestimm____ ein Gott. Aber es donner____ ja nicht nur, sondern

es r____gne____ auch noch, blitz____, stürm____, es g____b____ Ta____ und

Nach____, K____lte und W____rme. Kaum auszudenken, dass jemand die Z____t hat,

sich um all das gl____chz____ti____ zu kümmern. So was schaff____ nicht ____nmal

ein Gott. Um die ganze Natur st____ndig in Gan____ zu halten, muss es schon

m____rere Götter g____ben. So stellten die Gr____chen sich das vor, und so k____m

es, dass es im Olymp, im Himmel über Gr____chenlan____, vor Göttern nur so

wimmelte. So v____le Götter auf ____nmal, das kann nat____rlich nicht immer gut

gehen. Tats____chlich gab es im Olymp st____ndig Zan____ und Str____t. Aber die

Götter haben auch v____le aufr____gende Abent____er erl____b____ und sich

bestens amüs____r____. Und selbs____ i____r Str____t war nicht so langw____li____

wie unsere Z____nkereien. Wenn die gr____chischen Götter stritten, dann erzitterten

Himmel und Erde und die Menschen z____gen die Köpfe ein. K____n Wunder, dass es

auch h____te noch, nach all den J____rtausenden, kaum spannendere Geschichten

g____b____ als die gr____chischen S____gen.

Nat____rlich erzählen die gr____chischen S____gen nicht nur von Göttern. In den

S____gen g____t es auch um die Abent____er der Menschen. Aber immer sind es

unst____rbliche Geschichten. Dafür haben die Götter schon gesorgt …

Hermann Stange/Katharina Grossmann-Hensel: Zeus, Herkules und Co. Griechische Götter, Helden und Abenteuer. Wien: Annette Betz Verlag 2009, S. 3 u. 4

Auswertung	
0 bis 2 Fehler	Sehr gute Leistung!
3 bis 5 Fehler	Das hast du nicht schlecht gemacht!
Ab 6 Fehlern	Du solltest das Kapitel noch einmal wiederholen!

Großschreibung und Kleinschreibung

A Nomen (Namenwörter)

Du weißt: Nomen werden immer **großgeschrieben**.
- Nomen dienen zur **Bezeichnung und Benennung** von **Personen**, **Tieren**, **Pflanzen**, **Gegenständen**, aber auch zum Beispiel von **Gedanken** und **Vorstellungen**.
- Nomen kann man **deklinieren**, also in die **vier Fälle** setzen.
- Von Nomen kann man (zumindest von den meisten) **Singular** (Einzahl) und **Plural** (Mehrzahl) bilden.
- Vor ein Nomen kann man einen **Artikel** (Begleiter) stellen, durch den auch das Geschlecht angegeben wird.

---

96 Ergänze jeweils den richtigen Anfangsbuchstaben. Manchmal gibt es mehrere
✳ Möglichkeiten.

das __uhn   der __ann   die __rainerin

ein __enster   die __dee   ein __raum

eine __ampe   die __reundin   die __ngst

die __reude   die __onne   der __unsch

die __äuser   die __orgen   die __ische

die __ücher   die __flanzen   die __efühle

die __ölster   die __ugeln   die __ersuche

---

97 Übertrage die Wortgruppen in Schreibschrift. Achte auf die Nomen und schreibe
✳ sie groß.
✳

EINE GROßE LÜGE: *eine große Lüge*

DIE NEUE KLASSE: _____

DAS ALTE HAUS: _____

EINE SCHÖNE TASCHE: _____

DER ALTE SESSEL: _____

NEUE DINGE AUSPROBIEREN: _____

© VERITAS-Verlag, Linz. – Durchstarten Deutsch 2. Klasse Mittelschule / AHS. Rechtschreibung

SCHWIERIGE PROBLEME LÖSEN: _____

WITZIGE COMICS KAUFEN: _____

DAS SPIEL GEWINNEN: _____

UNTER DIE DUSCHE GEHEN: _____

INS KALTE WASSER SPRINGEN: _____

DURCH DIE STADT SCHLENDERN: _____

VIELE DINGE SEHEN: _____

DIE ROTE TASCHE KAUFEN: _____

EIN ÜBERRASCHENDES TOR: _____

DAS ENTSCHEIDENDE SPIEL: _____

98
✳
✳
Findest du alle Nomen in der Wörterschlange? Markiere sie farbig und schreibe sie mit dem richtigen Artikel auf die Zeilen.

TANZGEHENLASSENRUHESEHENHOCHHEBENFEUERWACHSENHEFTOBEN
NEBENPERFEKTWERMANFRAUDACHGERIEBENMANNDORFHEULENWANDERN

_____

_____

_____

99
✳
✳
✳
Hier wurden fünf Wörter großgeschrieben, die keine Nomen sind. Wie schnell kannst du die Fehler finden? Baue aus diesen falschen Großbuchstaben das Lösungswort.

1 Der Neue Pool ist voller kaltem Wasser.

2 Der Trainingsraum roch nach Muffigen Gummistiefeln.

3 Im Urlaub habe ich viele Neue Dinge gesehen.

4 Dieses Buch handelt von den griechischen Göttern und Göttinnen.

5 Woher kennst du alle diese witzigen Menschen?

6 Mirko probierte den blauen Anzug in der Engen Umkleidekabine.

7 Sie suchten nach den alten Münzen.

8 Die Bücher stehen dort Oben.

Lösungswort: __ __ __ __ __

REGEL

Durch **bestimmte Nachsilben** können Nomen aus anderen Wortarten gebildet werden. Wenn du diese Silben siehst, weißt du, dass diese Wörter großgeschrieben werden müssen. Präge sie dir gut ein!

-heit, -keit, -ung, -schaft, -nis, -tum

→ *müde: die Müdigkeit; sich irren: der Irrtum*

---

100 ***** Markiere bei den folgenden Wörtern die Nachsilben farbig. Setze dann jeweils den Großbuchstaben ein oder ergänze den richtigen Artikel. (Tipp: Wenn du nicht sicher bist, schaue im Wörterbuch nach.) Schreibe dann drei Sätze auf die Zeilen unten. Baue in jeden Satz mindestens ein Wort aus der Liste ein.

> die __leinigkeit → *die Kleinigkeit*
> die __eisterschaft → *die Meisterschaft*

das __achstum	die __eindschaft	die __chönheit
die __reiheit	_____ Reichtum	_____ Brauchtum
_____ Verschmutzung	das __igentum	die __ahrung
die __ngerechtigkeit	die __nstrengung	die __ohnung
_____ Verhältnis	die__echnung	das __eugnis
die __rklärung	die __auberkeit	die __eizung
die __rholung	die __egrüßung	das __rlebnis
die __issenschaft	das __indernis	_____ Heiterkeit
_____ Offenheit	_____ Beziehung	_____ Partnerschaft
die __erbesserung	_____ Mitgliedschaft	_____ Trockenheit
das __rgebnis	_____ Besorgung	_____ Ärgernis
_____ Fähigkeit	_____ Wirkung	die __einigung
die __röhlichkeit	die __erbung	die __nttäuschung

_____
_____
_____
_____

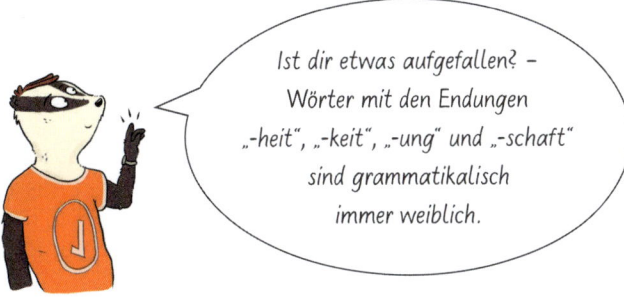

Ist dir etwas aufgefallen? – Wörter mit den Endungen „-heit", „-keit", „-ung" und „-schaft" sind grammatikalisch immer weiblich.

101 Kannst du alle Nachsilben aus der Box richtig zuordnen? Ergänze auch den Artikel. Schlage unbekannte Wörter im Wörterbuch nach.

| keit • ung • ~~heit~~ • nis • nis • ung • ung • keit |
| keit • schaft • ung • ung • keit • heit • ung • tum |
| heit • keit • nis • ung • nis |

die Träg _heit_   _____ Spann_____   _____ Bos_____

_____ Sauber_____   _____ Tapfer_____   _____ Gefangen_____

_____ Müdig_____   _____ Nahr_____   _____ Frech_____

_____ Enttäusch_____   _____ Rechn_____   _____ Süßig_____

_____ Erspar_____   _____ Wachs_____   _____ Anstreng_____

_____ Wohn_____   _____ Hinder_____   _____ Erleb_____

_____ Erklär_____   _____ Ereig_____   _____ Heiter_____

102 Bringe dieses Wörterchaos wieder in Ordnung, indem du die Nachsilben richtig zuordnest. Schreibe die richtigen Wörter auf die Zeilen. Tipp: Markiere zuerst die falschen Nachsilben farbig.

| Unwissenschaft → _die Unwissenheit_   Freundheit → _die Freundschaft_ |

Enttäuschheit → _____   Süßigheit → _____

Verwandtung → _____   Freinis → _____

Zeugheit → _____   Erlebung → _____

Brauchschaft → _____   Hinderkeit → _____

Wissentum → _____   Unsicherschaft → _____

Zufriedennis → _____   Verzweiflnis → _____

Rechnheit → _____   Schönung → _____

103 Ergänze die passenden Nomen auf -heit, -keit, -ung, -schaft, -nis oder -tum.

✳
✳
✳

1 Ich kann deine Ent *täuschung* gut verstehen. Du hast dich auf dieses

Ere_____ schon sehr gefreut.

2 Mit großer An_____ beendete ich das Turnier.

3 Sie meisterte die Aufgabe zur vollsten Zu_____.

4 Das Pferd sprang elegant über das Hi_____.

5 Die witzige Begr_____ der Moderatorin sorgte für Hei_____.

6 Bitte achten Sie auf die Sau_____ der Sitze. Die Rei_____ ist

sehr teuer.

7 Ich bin heuer mit den Noten in meinem Ze_____ recht zufrieden.

REGEL

Es gibt eine Reihe von **festen Verbindungen** zwischen Präpositionen (Vorwörtern) und Nomen. Präge dir diese Verbindungen gut ein.
auf Wiedersehen, auf Urlaub, auf Seiten / aufseiten,
aus Liebe, in Ordnung, in Kraft, in Frage / infrage, in Kauf,
zu Hause / zuhause, zu Ende, zu Hilfe, zu Grunde / zugrunde,
zu Fuß

104 Trage die festen Verbindungen richtig ein. Schreibe alle erlaubten Schreibweisen auf.

✳
✳

1 Wir fahren im Sommer meistens zu meiner Oma _____ _____.

2 Der Mann stolperte über den Hund. Ein Passant kam ihm ____ _____.

3 Die Schuhe sind zwar unbequem, aber so schön, dass ich das ____ _____ nehme.

4 Wann wirst du denn heute am Abend ____ _____/_____ sein?

5 Oh, schade. Die Serie geht morgen ____ _____ .

6 Hm, was liegt seinem seltsamen Verhalten wohl ____ _____/_____?

7 Nein, sicherlich nicht! Das kommt nicht ____ _____/_____.

8 Das Gesetz trat am 16.3.2020 ____ _____.

9 Bis bald, _____ _____!

10 Romeo und Julia wollten einander _____ _____ in den Tod folgen.

11 Die Verhandlungen sind schwierig, denn _____ _____ / _____

der Partei ABC gibt es große Zweifel, dass das Projekt gelingen wird.

12 Ja, das können wir machen. Das ist _____ _____.

13 Fährst du mit dem Rad oder gehst du _____ _____?

REGEL

Mit folgenden **Zusammensetzungen** kannst du **neue Nomen** bilden:

1 Nomen + Nomen: Wasser + Hahn → Wasserhahn
2 Adjektiv + Nomen: wild + Katze → Wildkatze
3 Präposition (Vorwort) + Nomen: neben + Zimmer → Nebenzimmer

Natürlich werden auch diese zusammengesetzten Nomen **großgeschrieben**.

105 Bilde mit den vorgegebenen Wörtern zusammengesetzte Nomen. Ergänze jeweils den richtigen Artikel und markiere den großgeschriebenen Anfangsbuchstaben mit einer Farbe. Fallen dir noch andere zusammengesetzte Nomen ein? Schreibe die Wörter auf die Zeilen und kontrolliere sie mit dem Wörterbuch.

super + Markt: _der Supermarkt_   kaufen + Haus: _das Kaufhaus_

groß + Stadt: _____   lang + Hantel: _____

laufen + Strecke: _____   zusammen + Spiel: _____

rechnen + Beispiel: _____   fliegen + Drache: _____

kochen + Topf: _____   spielen + Film: _____

fahren + Schule: _____   rennen + Strecke: _____

schreiben + Tisch: _____   fahren + Rad: _____

faul + Pelz: _____   neben + Rolle: _____

hinter + Tür: _____   suchen + Rätsel: _____

spüren + Hund: _____   waschen + Maschine: _____

gehen + Stock _____   schnell + Bahn: _____

_____ + _____: _____   _____ + _____: _____

_____ + _____: _____   _____ + _____: _____

Wissen

Üben

B Als Nomen gebrauchte Verben (Zeitwörter)

REGEL

Verben werden **kleingeschrieben**.
Sie können aber auch **als Nomen verwendet** werden und müssen dann **großgeschrieben** werden. Achte auf die **Signalwörter** für die **Großschreibung**:

- Ein **bestimmter** oder ein **unbestimmter Artikel** stehen vor dem Verb.
  das Lernen, das Trainieren, das Spielen, ein Lächeln
- Eine **Präposition** (Vorwort, oft mit Artikel verschmolzen) steht vor dem Verb.
  zum Backen, beim Kochen, fürs Wandern
- Ein **Pronomen** (Fürwort) steht vor dem Verb.
  ihr Singen, dieses Jaulen, jenes Kreischen, sein Heulen
- Ein **gebeugtes Adjektiv** steht vor dem Verb.
  heftiges Schütteln, fieses Grinsen, lautes Lachen

TIPP

Ihr Singen klingt wunderbar. →
Das Singen klingt wunderbar.
Lautes Singen ist kein Problem für sie. →
Das laute Singen ist kein Problem für sie.

DU SCHREIBST DAS VERB GROß, WENN DER BESTIMMTE ODER DER UNBESTIMMTE ARTIKEL BEIM VERB STEHT, ODER WENN DU IHN IN GEDANKEN EINSETZEN KANNST UND DER SINN DES SATZES TROTZDEM GLEICHBLEIBT.

106 Setze jeweils den großgeschriebenen Anfangsbuchstaben ein und markiere das Signalwort für die Großschreibung farbig.

✱

1 Das _L_ernen der Vokabeln finde ich eigentlich ganz interessant.

2 Dein fieses __rinsen kenne ich schon!

3 Lina ist beim __ochen wirklich unschlagbar.

4 Oh je, dieses __aulen hält auch nur meine Schwester für schönes __ingen!

5 Es ist zum __eulen, mir ist beim __tricken schon wieder ein Fehler im Muster passiert.

6 Dieses Produkt enthält Kohlensäure, bitte heftiges __chütteln vermeiden.

7 Mein Vater genießt das __pielen am Piano.

8 Lukas und Linus brechen in lautes __achen aus.

9 Umrat blickt mit einem verzückten __ächeln auf das Foto.

10 Max ist das __rainieren im Schwimmbad sehr wichtig.

11 Ich kann mich noch genau an dieses __ratzen an der Tür erinnern. Es war gruselig.

107 Füge die Wörter aus der Box passend ein. Markiere das Signalwort für die
✳ Großschreibung.
✳

> Schwimmen ▪ Beschmieren ▪ Abrollen ▪ Halten ▪ Wiederholen
> Trainieren ▪ Tragen ▪ Fotografieren ▪ ~~Lenken~~ ▪ Lesen

1 Das *Lenken* _____ von Mopeds ist nur mit Führerschein gestattet.

2 Vokabeln lernt man am besten durch _____.

3 Ottilie kommt trotz ihrer 90 Jahre noch regelmäßig zum _____.

4 Gestern haben wir im Judokurs das _____ über die Schulter geübt.

5 Wir bitten, das _____ der Wände zu unterlassen.

6 Bei uns im Haus ist das _____ von Tieren leider verboten.

7 Der Unfall ist beim _____ in der Donau passiert.

8 Das _____ von schönen Landschaften macht Ella großen Spaß.

9 Also wirklich, musst du mich immer beim _____ stören?

10 Wir brauchen noch zwei Leute fürs _____ der Tische.

108 Großschreibung oder nicht? Füge die richtigen Anfangsbuchstaben ein. Achte
✳ genau darauf, ob ein Signalwort beim Verb steht. Falls ja, dann unterstreiche die
✳ Signalwörter.
✳

Beim L̲esen muss man darauf achten, genau den Sinn zu erfassen. Dieses __rfassen

kann schwierig werden. Manche __chreiben sehr kompliziert. Vom komplizierten

__chreiben spricht man, wenn folgende Merkmale vorhanden sind:

1. Die Sätze sind unnötig lang. Das __ormulieren von sehr langen Sätzen macht es

schwieriger, ihren Sinn zu __rfassen.

2. Der Text enthält viele Fremdwörter. Das __erwenden von Fremdwörtern macht Texte

schwieriger zu __esen. Oft braucht man dann zum __esen ein gedrucktes Wörterbuch

oder ein Onlinewörterbuch. Das __achschlagen braucht Zeit. Wenn man __achschlägt,

denkt man oft an etwas anderes. Es kann sein, dass man wieder von weiter vorne zu

__esen beginnen muss, damit man sich wieder an alles __rinnert.

Wenn Verben in Verbindung mit anderen Wortarten stehen und dann als Nomen verwendet (= nominalisiert) werden, müssen sie **nicht nur groß-, sondern auch zusammengeschrieben** werden. Dies gilt für folgende Möglichkeiten:

- Nomen + Verb
  Auto fahren → *das Autofahren*
- Verb + Verb
  spazieren gehen → *das Spazierengehen*
- Adverb + Verb
  wieder anfangen → *beim Wiederanfangen*
- Partizip + Verb
  geküsst werden → *das Geküsstwerden*

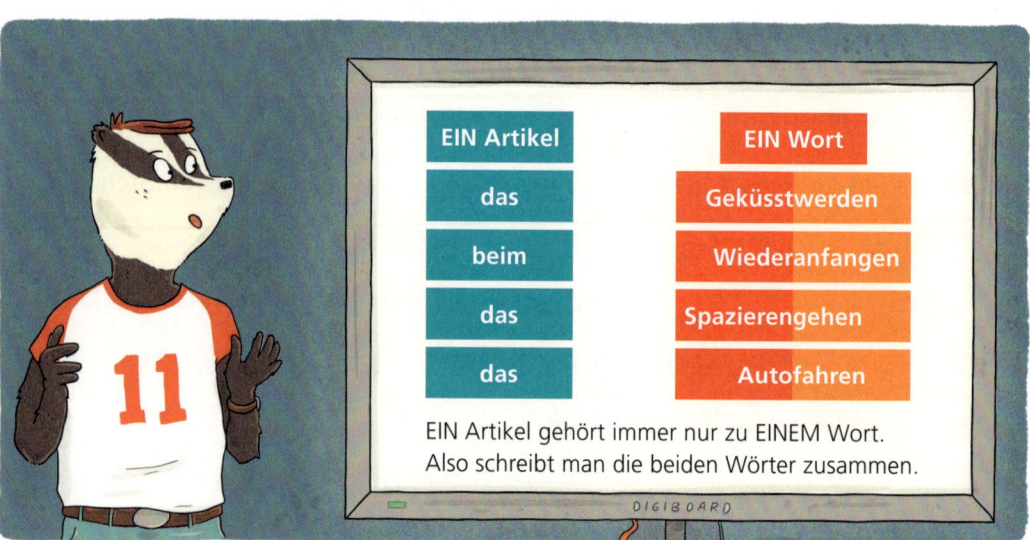

EIN Artikel		EIN Wort
das		Geküsstwerden
beim		Wiederanfangen
das		Spazierengehen
das		Autofahren

EIN Artikel gehört immer nur zu EINEM Wort.
Also schreibt man die beiden Wörter zusammen.

DIGIBOARD

---

109 Ergänze die fehlenden Buchstaben. Achte dabei auf die richtige Großschreibung.

✱

1 Milena will von ihren Verwandten bei der Begrüßung nicht geküsst werden. Sie hasst das Geküss_tw_erden.

2 Den Hund seiner Kusine zu hüten, macht Leon große Freude. Leon hat beim __und____üten viel Spaß.

3 Karim kann super Tennis spielen. Beim __enni____pielen ist Karim einfach genial.

4 Lass uns doch ein bisschen Fahrrad fahren! Ja, aufs __ahrra____ahren habe ich jetzt auch Lust.

5 Meine Eltern wollen am Wochenende immer wandern gehen. Mir macht das __ander____ehen nicht so viel Freude.

6 Meine Haare zu waschen, finde ich ein bisschen mühsam. Das __aar____aschen muss daher immer besonders schnell gehen.

7 Mathe ist toll! Ich mag __echne____ernen echt gern.

110 Ergänze jeweils die richtigen Anfangsbuchstaben. Achte dabei auf die Groß- und Kleinschreibung. Bilde danach immer eine Verbindung, die als Nomen verwendet wird.

> *T / t__ennis S / s__pielen:* <u>*Tennis spielen*</u> *,* *das* <u>*Tennisspielen*</u>

1 B/b__oot F/f__ahren: _____, beim _____

2 E/e__inkaufen G/g__ehen: _____, das _____

3 U/u__rlaub B/b__uchen: _____, beim _____

4 H/h__ausübung M/m__achen: _____, fürs _____

5 C/c__omputer S/s__pielen: _____, das _____

6 S/s__chlafen G/g__ehen: _____, beim _____

7 G/g__efangen W/w__erden: _____, das _____

111 Findest du die vier Fehler bei den Nominalisierungen? Schreibe die verbesserten Wörter auf die Zeilen. Markiere in jedem Satz auch das Signalwort für die Nominalisierung.

> *Zum* ~~*Brot backen*~~ *brauche ich Mehl.* → <u>*Zum Brotbacken*</u>

1 Das Zusammenfassen der Texte machte Irina Spaß. _____

2 Beim Computer spielen ist Jeremy fast unschlagbar. _____

3 Wir brauchen zum einkaufengehen noch eine Tasche. _____

4 Psst! Ich brauche Ruhe zum Hausübungmachen. _____

5 Beim Bootfahren griff uns ein Hai an. _____

6 Seien Sie beim Urlaub buchen im Internet vorsichtig. _____

7 Viele Tiere stellen sich beim gefangenwerden tot. _____

8 Ich habe mir vor dem Schlafengehen einen Zeh angestoßen. _____

Du hast bestimmt schon von sogenannten **verblassten Nomen** gehört. Bei einem verblassten Nomen ist die eigentliche Bedeutung des Nomens nicht mehr zu erkennen. Es gibt auch einige Verbindungen zwischen diesen verblassten Nomen und Verben. Diese Verbindungen werden **zusammen- und kleingeschrieben**. Achtung: Wenn durch die Konjugation (Beugung) des Wortes der erste Teil abgetrennt wird, dann muss er weiterhin **kleingeschrieben** werden.

Präge dir deshalb die folgenden Beispiele gut ein!

kopfstehen → *Ich stehe kopf. (Kopf = verblasstes Nomen)*
leidtun → *Es tut mir leid.*
standhalten → *Die Mauer hält stand.*
eislaufen → *Wir laufen im Winter eis.*
stattfinden → *Die Veranstaltung findet statt.*
heimfahren / heimgehen → *Wir fahren / gehen heim.*
teilnehmen → *Viele österreichische Kinder nehmen an dem Bewerb teil.*
wettmachen → *Er machte den Rückstand wett.*

Achtung: Das **Partizip Perfekt** (Mittelwort der Vergangenheit) dieser Wörter schreibst du **zusammen**. → *Ich bin vor Freude kopfgestanden.*

---

112 Ergänze den fehlenden Wortteil. Achte auf die Kleinschreibung und markiere ihn farbig.

✱

1 Die ganze Schule steht ___*kopf*___ wegen des bevorstehenden Auftritts der Band.

2 Melvin tut seine freche Antwort sehr _____.

3 Der Verdächtige hielt allen Verhörmethoden _____.

4 Wann laufen wir endlich wieder _____? Der Teich ist schon zugefroren.

5 Wo genau findet das Konzert _____?

6 Ich bin müde, ich gehe jetzt _____.

7 Nimmst du an dem Wettbewerb auch _____?

8 Ich habe getrödelt, aber diese Zeit mache ich wieder _____.

9 Wir sind erst gegen 21 Uhr _____gegangen.

10 Uns hat der kleine Welpe sehr _____getan.

11 Hat das Zelt dem Sturm _____gehalten?

12 Als ich im Internat war, bin ich jedes Wochenende _____gefahren.

13 Wann bist du zum letzten Mal _____ gelaufen?

14 Ich habe nicht gewusst, dass das Konzert schon _____ gefunden hat.

15 Sie hat ihren Rückstand beim Rennen wieder _____ gemacht.

113 Ergänze jeweils die fehlende Form des Wortes.

✳✳

Nennform (Infinitiv)	Beugung (Konjugation) mit „er / sie / es"
stattfinden	es *findet statt*
heimfahren	er / sie
	er steht kopf
	sie macht wett
leidtun	ihr / ihm es
	er läuft eis
teilnehmen	sie / er
	es hält stand

114 Lies die drei Regeln auf Seite 64, 66 und 68 nochmals genau durch. Findest du dann den Fehler in jedem Satz? Bessere ihn mit Farbe aus und schreibe die Verbesserung unten auf die Zeile.

✳✳✳

1 Das Lesefest findet auf jeden Fall statt, denn das Bücher lesen ist uns allen wichtig.

_____

2 Beim Gitarrespielen ist Ben ganz in seinem Element. Das Fußball spielen ist nicht so seine Sache und zum Bücherlesen nimmt er sich wenig Zeit.

_____

3 Wenn du beim wettlesen teilnehmen willst, kannst du dich bei mir anmelden.

_____

4 Im Winter laufe ich gerne eis, im Sommer liebe ich das Tennis spielen.

_____

5 So eine Hektik! Die ganze Familie steht vor der Abfahrt in den Urlaub Kopf.

_____

6 Lara und Eva proben fleißig ihre Lieder, weil nächste Woche ein Gesangswettbewerb Stattfindet.

_____

C **Als Nomen gebrauchte Adjektive (Eigenschaftswörter)**

REGEL

Adjektive (Eigenschaftswörter) werden in der Regel **kleingeschrieben**.

Wenn Adjektive zu Nomen gemacht (= nominalisiert) werden, dann erkennst du das an bestimmten **Signalwörtern**. Es sind dieselben Signalwörter wie bei der **Nominalisierung** von **Verben**.

- **bestimmter / unbestimmter Artikel**
  das / ein (blasses) Rot, das Schlimme, der Brave
- **Pronomen**
  jenes Grau, dieses Blau, diese Süße
- **Präposition (oft mit Artikel verschmolzen)**
  in Blau, beim Alten; Alles wendet sich zum Guten.

Für Farben gilt:

- Farben schreibst du groß, wenn du mit „Was?" danach fragen kannst oder du „die Farbe" in den Satz einbauen kannst.
  Am besten steht ihr (die Farbe) Grün.
  Er kommt in (der Farbe) Blau.

Nur für Adjektive gilt:

- Wenn das **Adjektiv selbst gebeugt** ist, schreibt man es auch groß. Oft steht in so einem Fall eines der folgenden Wörter: *viel, wenig, allerlei, manches, nichts, etwas*
  viel Neues, etwas Großes, allerlei Lustiges, nichts Gutes

---

115 Ergänze den passenden Großbuchstaben. Markiere das Signalwort bzw. die
* Endung des gebeugten Adjektivs farbig.

1 Tim hat in seinem Kleiderkasten viel _R_ otes.

2 Es hat sich nichts verändert. Alles ist beim ___lten geblieben.

3 Eleonoras Kostüm für das Stück ist in blassem ___osa gehalten.

4 Was bringst du uns heute ___chönes?

5 Das ist ja das ___chlimme, dass ihn alle immer für den Braven halten!

6 Das ___este kommt bekanntlich zum Schluss.

7 In Märchen geschieht oft allerlei ___rausames.

8 Würze bitte wenig. Mein Magen verträgt das ___charfe nicht.

9 Sie teilten das ___enige gerecht untereinander auf.

10 Wir erhoffen uns etwas ___esonderes.

TIPP

Frageprobe

Wenn du mit **„Was?"** fragen oder (in Gedanken) einen **Artikel einsetzen** kannst, dann schreibe das Adjektiv **groß**.

*Ich trage gerne T-Shirts in **R**ot.*
  („Ich trage gerne Hemden in **was**?" bzw. „Ich trage gerne Hemden in dem Rot.")

*Im Märchen bedeutet **W**eiß oft Unschuld.*
  („**Was** steht für Unschuld?" bzw. „Im Märchen bedeutet das Weiß oft Unschuld.")

*Sie hat heute **S**chmackhaftes gekocht.*
  („**Was** hat sie gekocht?" bzw. „Sie hat heute das Schmackhafte gekocht.")

*Sie hat ihr **B**estes gegeben.*
  („**Was** hat sie gegeben?" bzw. „Sie hat das Beste gegeben.")

Wenn du mit **„Wie?"** fragen kannst, dann schreibe **klein**.

*Schau, die Wiese schaut **g**elb aus.*
  („**Wie** schaut die Wiese aus?")

*Dieser Kuchen schmeckt am **b**esten.*
  („**Wie** schmeckt der Kuchen?")

---

116 Füge das Adjektiv in der Klammer jeweils in Schreibschrift in den Satz ein. Beachte dabei die richtige Endung und die Regeln für die Großschreibung. Führe auch die Frageprobe durch und schreibe die Frage auf die Zeile.

> *Tim genießt in den Ferien alles _____ (SCHÖN).* →
> *Tim genießt in den Ferien alles Schöne. Was genießt Tim?*

1 Kerstin sieht das _____ in allen Dingen. *(GUT)*

_____

2 Warte, jetzt kommt noch das _____! *(AM BESTEN)*

_____

3 Ich finde, das ist ein sehr düsteres _____. *(BRAUN)*

_____

4 Wir haben über sie schon viel _____ gehört. *(INTERESSANT)*

_____

Bitte umblättern! ↵

5 Was liest du denn da _____? *(SPANNEND)*

_____

6 Alle mal herhören! Es gibt etwas _____ zu berichten. *(NEU)*

_____

7 Meine Katze Lora ist wirklich etwas _____. *(BESONDERS)*

_____

8 Ich habe heute im Internet einiges _____ gelesen. *(ERSTAUNLICH)*

_____

9 Ob da viel _____ dabei war? *(WAHR)*

_____

10 Meine Schwester hat von ihrem Vorstellungsgespräch _____

zu berichten. *(AUFREGEND)*

_____

11 Ihr habt gemeinsam allerlei _____ auf die Bühne gebracht. *(WITZIG)*

_____

12 Was ist an diesem Gerät das _____? *(SPEZIELL)*

_____

13 Im Winter sieht man so viel _____, ich musste heute unbedingt einen

Schal in kräftigem _____ kaufen. *(GRAU, TÜRKIS)*

_____

14 Über dieses Videospiel kann ich leider nichts _____ *(POSITIV)* sagen.

_____

ACHTUNG

Wenn **Adjektive vor einem Nomen** stehen, dann musst du sie **kleinschreiben**, auch wenn ein Artikel oder Pronomen davorsteht. Der Artikel oder das Pronomen bezieht sich dann nämlich auf das Nomen.

*das **h**elle Brot*

*deine **n**eue Haube*

*dieser **k**aputte Ball*

117 Verwende das Adjektiv als Begleiter zum Nomen. Setze auch den richtigen bestimmten Artikel vor die Wortgruppe.

> *Überzug, waschbar* → *der waschbare Überzug*

1 Fahrrad, klapprig → _____

2 Fingernagel, lang → _____

3 Tischtennistisch, neu → _____

4 Film, spannend → _____

5 Musik, schnell → _____

6 Training, wöchentlich → _____

7 Gebäck, süß → _____

TIPP

Wenn du unsicher bist, zu welchem Wort der Artikel oder das Pronomen gehört, dann mache die **Weglassprobe**: Lasse **der Reihe nach** alle Wörter **nach dem Artikel oder Pronomen** weg. Das Wort, das bleiben muss, damit der Satz seinen Sinn behält, gehört zum Artikel bzw. zum Pronomen.

Wer hat meine ~~neue, handgemachte~~ Tasche ruiniert?
Was für eine ~~edle~~ Blume! Diese ~~wunderbare~~ Schöne ist aber leider sehr schwierig zu pflegen.

118 Wende bei den unterstrichenen Satzteilen die Weglassprobe an. Markiere den Artikel oder das Pronomen und das dazugehörige Wort mit Farbe. Streiche die Wörter, die du weglassen könntest, durch.

<u>Dieser ~~süße, alte~~ Teddy</u> muss unbedingt erhalten bleiben. <u>Meine strenge, ordnungsliebende Mutter</u> meint, <u>der alte Staubfänger</u> solle für immer auf <u>einer stinkenden Müllhalde</u> verrotten. Aber wie lange braucht <u>ein schnuckeliger Plüschteddy</u> eigentlich, um auf einer Müllhalde zu verrotten? Stopp! <u>Solche furchtbaren Gedanken</u> will ich gar nicht in <u>mein edles Gehirn</u> lassen. Dafür sind <u>diese intelligenten Windungen</u> viel zu empfindsam. <u>Der kleine Fellfreund</u> wird gewaschen – aber weggeworfen? Nie und nimmer!

D **Kniffliges aus der Groß- und Kleinschreibung: Geografische Angaben**

REGEL

Geografische Angaben können als Beifügungen zu einem Nomen auf **-isch** oder **-er** enden. Dabei musst du Folgendes beachten:

- Mit der Endsilbe **-isch** werden die Wörter **klein**geschrieben: *das steirische Kernöl*
- Mit der Endsilbe **-er** werden die Wörter **groß**geschrieben: *die Tiroler Berge*

Für Profis:
Hast du eine Idee, warum die Schreibung auf -er groß ist?
Es handelt sich nämlich um ein Nomen im Genitiv, also im 2. Fall.
Wörter auf -isch dagegen sind Adjektive.

119 Füge die geografischen Begriffe als Beifügungen ein und entscheide, ob du groß- oder kleinschreiben musst.

✳✳

eine _amerikanische Automarke_____ Automarke (Amerika)

1 das _____ Riesenrad (Wien)

2 die _____ Sprache (Spanien)

3 der _____ Tower (London)

4 die _____ Kasnudeln (Kärnten)

5 das _____ Schigebiet (Tirol)

6 der _____ Sänger (Italien)

7 die _____ Puppe (Russland)

8 der _____ Paprika (Ungarn)

9 das _____ Getränk (China)

10 der _____ Traum (Amerika)

11 der _____ Käse (Schweiz)

12 die _____ Popmusik (Österreich)

E Kniffliges aus der Groß- und Kleinschreibung: Tageszeiten und Wochentage

REGEL

Für die Groß- und Kleinschreibung von **Tageszeiten** und **Wochentagen** gibt es einige Regeln, die du dir einprägen musst:

- **Tageszeiten** und **Wochentage** werden **großgeschrieben**, wenn sie als **Nomen** verwendet werden, also zum Beispiel ein **Artikel** davorsteht.
  der Morgen, die Nacht, die / in der Früh,
  am (= an dem) Abend …
- **Adverbien** (Umstandswörter) der Zeit werden **kleingeschrieben**.
  gestern, heute, übermorgen …
- Folgt eine **Tageszeit** auf ein **Zeitadverb**, wird sie **großgeschrieben**. (Ausnahme: *heute früh / Früh*)
  heute Morgen, gestern Mittag …
- Wochentage und Tageszeiten mit der **Endung -s** werden **kleingeschrieben**, wenn dadurch eine **Wiederholung** ausgedrückt wird.
  dienstags, morgens, abends …
- Werden Angaben aus Tageszeiten und Wochentagen **zusammengesetzt**, so schreibt man diese **groß**.
  Mittwochabend, Sonntagvormittag …

120 Groß oder klein? Ergänze den richtigen Anfangsbuchstaben.

1 Lass uns doch am Mittwochabend ins Kino gehen!

2 Das Training findet immer __ienstags und __onnerstags statt.

3 Wo war der Verdächtige __estern __acht um drei Uhr?

4 Ich freue mich, dass wir __bermorgen in die Berge fahren werden.

5 Ja, das verstehe ich. Trotzdem ist mir der __orgen noch lieber. Ich stehe um 5 Uhr in der __rüh auf.

6 Was hast du eigentlich am __amstagnachmittag vor?

7 Am __amstag werde ich am __achmittag Tennis spielen gehen.

8 Als, __eute __rüh war ich so müde, ich dachte, ich würde bis zum __bend im Bett bleiben.

9 Kein Wunder, __estern __bend hast du lange gelesen, wie du das __bends oft tust.

F **Kniffliges aus der Groß- und Kleinschreibung: Die höfliche Anrede**

REGEL [Die **Pronomen der höflichen Anrede** werden **großgeschrieben**: *Sie, Ihr (Ihre, Ihres ...), Ihnen.*]

121 Setze jeweils das richtige Pronomen der höflichen Anrede ein.

✳ ✳

1 Sehr geehrte Frau Kofler! Ich danke ___Ihnen___ für ___Ihr___ Schreiben.

2 Haben _____ meine Bestellung schon geliefert?

3 Darf ich _____ helfen?

4 Könnten _____ bitte ein bisschen Platz machen?

5 Haben _____ kurz Zeit?

6 Ist das _____ Tasche?

7 Wo haben _____ denn _____ Hund zuletzt gesehen?

8 Ich möchte mich bei _____ entschuldigen und bitte _____ um Verzeihung.

9 Bitte beachten _____: Wir möchten _____ mitteilen, dass die Teilnahme

_____ Tochter am Schikurs von _____ als Erziehungsberechtigte

bestätigt werden muss.

122 Setze jeweils das richtige Pronomen der höflichen Anrede ein. Achte genau
darauf, ob die Pronomen groß- oder kleingeschrieben werden müssen. Beachte:
Nur die höfliche Anrede wird großgeschrieben, die anderen Personalpronomen
musst du kleinschreiben.

✳ ✳ ✳

Was haben ___Sie___ sich denn dabei gedacht, als _____ ___Ihren___ Hunden

das Fell pink gefärbt haben? War _____ denn nicht klar, dass _____

_____ damit vielleicht Schaden zufügen? Immerhin enthält Haarfarbe viel Chemie,

das müssten _____ doch wissen. Sehen _____ hier! Die Augen _____

Hunde haben sich entzündet. Ich denke, dass _____ das durch das Färbemittel

verursacht haben. Geben _____ _____ Hunden zweimal täglich diese Tropfen

in die Augen. Lassen _____ _____ in den nächsten Tagen nicht zu viel

miteinander spielen, bis _____ sicher sein können, dass _____ gesund sind.

G **Gemischte Übungen zur Groß- und Kleinschreibung**

123 Groß- oder Kleinschreibung? Ergänze richtig. Im Zweifel lies vorne bei den passenden „Regel"-Boxen nach.

1 das __ferd satteln

2 viel __nsinn reden

3 aus __iebe handeln

4 die __eue __hr vorführen

5 das __elle __leid probieren

6 den __lten __tuhl lackieren

7 das __indernis überwinden

8 __erechtigkeit verlangen

9 Wir fahren bald auf __rlaub.

10 Das kommt überhaupt nicht __nfrage/in __rage.

11 Sie eilt dem verletzten Igel zu __ilfe.

12 Diesen Nachteil nehme ich in __auf.

13 Lass uns doch eine __eue __aufstrecke ausprobieren.

14 Der __ühlschrank ist kaputt.

15 Kannst du bitte weniger __aut __ingen? Mich stört __autes __ingen.

16 Meine Eltern haben sich beim __anzen kennengelernt.

17 Sie gehen immer noch gerne __anzen.

18 Mir macht das __anzenlernen keinen Spaß.

19 Im __chönschreiben bist du Meister, oder?

20 Es tut mir __eid, dass ich das gesagt habe.

21 Wann findet das Konzert __tatt?

22 Ich finde das unfair: Alle halten ihn für den __raven.

23 Dir steht __unkles __lau sehr gut.

24 An diesem Buch gefällt mir das __omantische und __antasievolle.

25 Diese __rüne, __ohe __flanze dort drüben hätte ich gerne, bitte.

26 Heute sehe ich alles __osarot. Ich bin wirklich sehr verliebt.

27 Hältst du zum __sterreichischen oder zum __ürkischen Team?

28 Ich mag die __berösterreichischen Seen.

*Als Profi weißt du:
Wenn man unsicher ist, liest man
immer die Regeln nach oder benutzt ein
(Online-) Wörterbuch.*

Bitte umblättern! ⤵

Wissen

Üben

29 Ich mag die __iroler Alpen.

30 Treffen wir uns __orgen __bend gegen 17 Uhr?

31 Ich habe __eute __rüh verschlafen.

32 Kommst du __onnerstagnachmittag mit?

33 Nein. Ich habe __onnerstags immer Training.

34 Sehr geehrte Redaktion! Ich erlaube __ir, im Anhang einen Leserbrief an __ie zu schicken. Wenn __r in einer Ausgabe __hrer Zeitschrift erscheinen würde, wäre ich __hnen sehr dankbar.

124 **Test mit Auswertung**
Hier fehlen eine Menge Buchstaben. Kannst du alle richtig ergänzen?

__urch __ie __ntersuchung von __inosaurierknochen __önnen __issenschaftler

__erausfinden, wie die __inosaurier __or __illionen __on __ahren __usgesehen haben

und wie __ie __ich __ewegt __aben.

Der __rste, der __inosaurier als __ruppe __iner __ralten __ierart __rkannt hat, war der

__nglische __issenschaftler Richard Owen im __ahr 1842. Er kam auf den __amen

Dinosauria, was __urchterregende __idechsen __edeutet. Damals __atten

__issenschaftler die __ossilien von nur drei __inosaurierarten __efunden. […] Heute __

ennen wir schon __ber 500 __erschiedene __rten mit __amen. Und es gilt noch

__underte von __eiteren __ruppen zu __ntdecken.

Dinosaurier __erden __äufig nach __hrem __undort, der __erson, die am Fund

__eteiligt war, oder einem __estimmten __örpermerkmal benannt. Ihr __ame __etzt

sich __eistens aus zwei __riechischen oder __ateinischen __örtern oder __iner

__ombination beider zusammen. Der __issenschaftler, der __en Dracorex hogwartsia

__efunden hat, hat __hn jedoch nach Harry Potter __enannt.

James Doyle (Übers.: Johanna Ellsworth): Warum merke ich nicht, dass die Erde sich dreht? Und andere spannende Fragen aus der Naturwissenschaft. München: Knesebeck Verlag 2019, S. 12–14

Auswertung	
0 bis 3 Fehler	Sehr gute Leistung!
4 bis 9 Fehler	Das hast du nicht schlecht gemacht!
Ab 10 Fehlern	Du solltest das Kapitel noch einmal wiederholen!

Beistriche richtig setzen

A Aufzählungen

REGEL

- Zwischen **gleichrangigen Satzteilen** bzw. **Wörtern** steht bei **Aufzählungen** ein **Beistrich**.
  helle, luftige, waschbare Vorhänge
  Es gab Taschen, Koffer, Gürtel – das Geschäft war voll.

- Man schreibt **keinen Beistrich**, wenn die gleichrangigen Satzteile bzw. Wörter durch **und** bzw. **oder** verbunden sind.
  helle, luftige und waschbare Vorhänge
  Es gab Taschen, Koffer und Gürtel – das Geschäft war voll.
  Wir kamen heim, aßen etwas, zogen uns um und fuhren zum Training.

125 Markiere alle aufgezählten Wörter oder Satzteile farbig. Setze dann die Beistriche richtig ein.

✳
✳

1 neue, saubere Schuhe

2 gepflegte manikürte Fingernägel

3 Kaufst du bitte Semmeln Eier grünen Salat und roten Paprika?

4 Wir sangen tanzten und aßen Torte.

5 Wir waren einkaufen Eis essen im Park und zum Schluss im Kino.

6 Äpfel Birnen Bananen und Orangen sind Obstsorten.

7 Mein kleiner Bruder ist allergisch gegen Gluten Laktose und Nüsse.

8 Ich verehre liebe und bewundere diese geniale Sängerin.

9 Mein kleiner Kater schmust gern liebt sein Fressen und ein gutes Schläfchen.

10 Wir müssen uns auf föhnige heftige Stürme wiederkehrende Regenschauer und warme Temperaturen einstellen.

11 Sie tauschten zärtliche Blicke hielten heimlich Händchen und waren ganz aufeinander konzentriert.

12 Bitte holt noch den schwarzen Tisch die weißen Klappstühle und die quadratischen Tischtücher.

13 Lea faltet die Servietten deckt den Tisch und ruft zum Essen.

126 Wo haben sich hier die drei Beistrichfehler versteckt? Streiche die zwei falschen Beistriche und ergänze den fehlenden.

Auf unserer Radtour durchquerten wir die Orte Scharnberg, Koderbach, Wellenruh, und Loderburg. Wir besichtigten das Heimatmuseum in Scharnberg, bestiegen den hohen Kirchturm in Koderbach und schwammen in der warmen Quelle in Wellenruh. In Loderburg konnten wir uns im Schloss als Burgfräulein Ritter, Knappe oder Henker verkleiden. Zu Hause klagten fast alle über Muskelkater, Sonnenbrand, Gelsenstiche und großen Hunger. Trotzdem war der Tag sehr schön, bereichernd, und witzig!

TIPP

Ob die Teile **gleichrangig** sind, kannst du so prüfen: Setze in Gedanken ein „**und**" zwischen die Aufzählungen. Wenn der Satz dann weiterhin einen Sinn ergibt, sind die Teile bzw. Wörter gleichrangig. Dort, wo kein „**und**" passt, bestimmt das Wort ein anderes näher. In diesem Fall setzt man keinen Beistrich.
*mein **neues, teures** Handy* → neu und teuer
unser neu lackierter Gartenzaun → gerade lackiert worden

127 Setze die Beistriche richtig ein. Aber nicht in jedem Satz fehlt einer. Schau genau!

1 biologisch gedüngtes selbst gepflanztes Gemüse

2 frisch gebackene gezuckerte Krapfen

3 der einstimmig gewählte Kandidat

4 das alte frisch renovierte Bauernhaus

5 die riesigen originell beschrifteten Plakate

6 unsere frisch duftenden exakt gebügelten Hemden

7 dein cool gefärbtes kurz geschnittenes Haar

REGEL

Wenn aufgezählte Wörter oder Satzteile mit entgegen-stellenden Bindewörtern, z. B. durch
aber, doch, jedoch, sondern,
verbunden werden, musst du einen **Beistrich** setzen.
*Er kaufte sich schöne, **aber** teure Schuhe.*

TIPP

Merke dir:
Vor entgegenstellenden Bindewörtern steht ein **Beistrich**.
Das gilt auch für Hauptsatzreihen und Satzgefüge.

128 Markiere die Beistriche farbig und ergänze jeweils ein passendes Bindewort.
✳ Setze entweder *oder*, *aber* oder *und* ein.

1 Wir suchten Zweige, Blüten ____*und*____ Blätter, _____ keine Steine.

2 Du kannst gut singen, zeichnen _____ Tennis spielen, _____ nicht
schwimmen.

3 Wir sollen nicht rennen, laufen, springen, _____ gehen.

4 Mein Bruder will Astronaut, Bildhauer _____ Krankenpfleger werden,
_____ nicht Bankkaufmann.

5 Ich habe an Katrin, Erwin, Ahmed _____ Ayse geschrieben, _____
nicht an Conny.

129 Setze die Beistriche richtig ein. Achte genau darauf, ob das Bindewort
✳ entgegenstellend ist und daher einen Beistrich verlangt. Die entgegenstellenden
✳ Bindewörter kannst du auch in der „Regel"-Box auf Seite 80 nachlesen.
✳ Prüfe auch, ob die Satzteile und Wörter gleichrangig – also Aufzählungen – sind.

1 Die Kinder tanzten zur Musik, sangen eigene Lieder, aber spielten keine Spiele.

2 Wir fanden viele Muscheln Steine und Schneckenhäuser jedoch keine Seesterne.

3 Das hast du nicht nur besonders gut und außerordentlich professionell gemacht
sondern auch sehr witzig.

4 Meine Eltern reisten durch Europa wanderten in Asien lebten in Afrika doch in
Amerika waren sie noch nie.

5 Die Kätzchen hatten Hunger Durst und waren müde aber sie spielten immer noch.

6 Die Ballerina hatte geübt geschwitzt gekämpft jedoch den Bewerb nicht gewonnen.

7 Du sollst nicht drücken oder quetschen sondern einfach ziehen.

8 Wir konnten es nicht glauben oder wissen sondern nur hoffen.

9 Weihnachten feiern wir ruhig entspannt aber trotzdem mit viel Spaß.

Wissen

Üben

B Ausrufe und Anreden

REGEL

Ausrufe und **Anreden** wurden durch einen **Beistrich** vom restlichen Satz abgetrennt. Wenn sie mitten im Satz eingeschoben sind, stehen sie zwischen zwei Beistrichen.

*Schnell**,** **Ben****,** komm her!*
Ben*, komm schnell her!*
*Komm schnell her**,** **Ben**!*

TIPP

Kombinationen aus **Namen** und kurzen **Grußformen** wie „Liebe/r" und „Hallo" werden nicht noch einmal durch einen Beistrich getrennt.

Lieber Tom!
Liebe Frau Gruber, wie geht es Ihnen?
Hallo Ines, kommst du heute mit?

130 Bringe die Satzteile in die richtige Reihenfolge und schreibe den Satz auf die
✱ Zeile.
✱

1 soll Was Alisa? das,

   Was soll das, Alisa?

2 die teure zerbrochen! Vase ist Oh nein,

   _____

3 He, mich nicht im lass Stich!

   _____

4 wie geht es dir? Hallo Marian,

   _____

5 Simone, auf mich! Warte

   _____

6 mein Juhu, Los gewonnen! hat

   _____

7 Super, das toll hast Elvin, gemacht! du

   _____

8 ich habe Ahnung! keine Nein,

_____

9 bleiben Bitte, Sie stehen! doch kurz

_____

10 so nicht! Stopp, geht das

_____

11 Ich süßer Schatz, dir, einen Liebesgruß. sende mein

_____

12 Oh, lieb! wie

_____

13 zerspringen Ich juhu! könnte vor Freude,

_____

131 Ergänze die fehlenden Beistriche.

1 Guten Morgen Herr Lehner!

2 Hallo Susanne hast du kurz Zeit?

3 Halt Ahmed höre sofort auf damit!

4 Heute will ich dir liebe Mara einmal ein großes Danke sagen.

5 Ach wie schade!

6 Nun das ist ja wieder mal typisch!

7 Leute alle mal herhören!

8 Kannst du mir bitte helfen Elvira?

9 Oh das tut mir aber leid!

10 Ui schau mal!

11 Hier bekommst du meine flotte Biene einen Blumenstrauß!

12 Mein Herz brennt Geliebter nur für dich!

13 Oh was für ein Kitsch!

14 Nein das stimmt nicht!

15 Wie recht du hast Peter!

16 Larissa komm bitte sofort her!

17 Tja wenn das alles ist was du mir zu sagen hast dann gehe ich jetzt wieder.

C Hauptsatzreihen

REGEL

Als **Hauptsatz** bezeichnet man einen Satz, der allein stehen kann.

- Die **Personalform des Verbs steht an zweiter Stelle** oder direkt nach dem Bindewort.
- Wenn du Hauptsätze verbindest, dann musst du einen **Beistrich** setzen.
  *Das Auto **ist** rot. Mein Bruder **hat** es lackiert.*
  *Das Auto **ist** rot, mein Bruder **hat** es lackiert.*

REGEL

Hauptsätze können durch **Bindewörter** verbunden werden.

- Bei den Konjunktionen **und** sowie **oder** setzt man nur einen Beistrich, wenn es für den Sinn des Satzes wichtig ist.
- Diese Konjunktionen (Bindewörter) zeigen dir, dass es sich um einen Hauptsatz handelt:
  aber, *doch*, *sondern*, *denn*
- Ein Bindewort ist wie eine Brücke zwischen den Sätzen – es zählt nicht als eigenes Satzglied.

132 Welche Satzteile gehören zusammen? Verbinde die Satzteile richtig. Schreibe
 ✱ dann die Sätze auf die Zeilen auf Seite 85. Kreise das Bindewort und, falls vorhanden, den Beistrich farbig ein.

1	Elvira und Tanja gehen zum Training		denn sie backt besonders gut.
2	Das Haus wird gestrichen,		aber ich teile deine Meinung zu dem Thema leider nicht.
3	Das Wetter ist schlecht,		doch wir gehen trotzdem wandern.
4	Ich halte in diesem Film nicht nur die Handlung für gut,		denn die Farbe ist abgeblättert.
5	Wir bitten Elena zu Weihnachten immer um Kekse,		sondern ich bin auch von den Schauspielern begeistert.
6	Ich streite nicht gern,		und später lernen sie für den Test.

1 _____

2 _____

3 _____

4 _____

5 _____

6 _____

133 Markiere in den Hauptsatzreihen die Personalformen farbig. Ringle das Bindewort und den Beistrich, falls vorhanden, ein.

✱
✱

> Die Mauer *ist* frisch gestrichen, denn die Hausverwaltung renoviert das Gebäude.

1 Wir gehen spazieren, denn die Sonne scheint vom Himmel.

2 Die Burschen trainieren in Halle A und die Mädchen trainieren in Halle B.

3 Das Schulgebäude ist leer, denn es sind Ferien.

4 Simon und Lea spielen gerne miteinander Karten, doch Simon verliert fast immer.

5 Wir waren gestern einkaufen, aber wir haben nichts Passendes gefunden.

6 Wir schmücken den Christbaum mit Kugeln oder wir kaufen neue Lichtschlangen.

7 Die ganze Gruppe ging wandern und auch alle Lehrkräfte waren dabei.

8 Die Burschen mussten nicht kochen, sondern waren für den Abwasch eingeteilt.

9 Miriam verpasste das Sommerfest, denn sie war bei ihrer Schwester in Madrid.

10 Tom mag keinen Lärm und daher bittet er uns um Ruhe.

Üben

134 Welches Bindewort aus der Box passt? Ergänze die Sätze richtig und entscheide jeweils, ob du einen Beistrich setzen musst. Wähle vier Bindewörter aus und schreibe mit jedem einen Satz auf die Zeilen unten.

> sondern • und • und • denn • aber • oder • denn

1 Wir wollen entweder schwimmen gehen _____ Fußball spielen.

2 Ich habe alle Freundinnen und Freunde eingeladen _____ auch die Nachbarn werden kommen.

3 Wir haben das Zimmer nicht nur aufgeräumt _____ wir haben auch die Fenster geputzt.

4 Ich finde den Film nicht gut _____ ich begleite dich dennoch ins Kino.

5 Omar besorgt schnell noch frisches Brot _____ das Mittagessen ist bald fertig.

6 Sara bekommt eine Medaille _____ sie hat das Rennen gewonnen.

7 Du musst unbedingt noch Ricki anrufen _____ Mehmed müssen wir auch informieren.

_____

_____

_____

_____

_____

_____

D Satzgefüge

REGEL

Satzgefüge bestehen aus **Hauptsätzen** und **Gliedsätzen**.
- Ein **Gliedsatz kann nicht alleine stehen**.
- Die **Personalform steht in** einem **Gliedsatz an letzter Stelle**. Am Anfang steht ein **Einleitewort**.
- Diese **Einleitewörter** zeigen dir, dass es sich um einen Gliedsatz handelt:
  wenn, *als*, *dass*, *weil*

*Tom hilft uns, **wenn** wir ihm Geld dafür **geben**.*
*Das Auto fuhr gerade los, **als** der Radfahrer um die Ecke **kam**.*
*Ich weiß genau, **dass** wir gewinnen **werden**.*
*Wir werden gewinnen, **weil** wir die Besten **sind**.*

135 Welche Satzteile gehören zusammen? Verbinde die Satzteile richtig. Schreibe
✱ dann die Sätze auf. Kreise den Beistrich und das Einleitewort farbig ein.

1 Der Verdächtige behauptet,	wenn er ein Alibi hat.
2 Die Kommissarin kann ihn freilassen,	weil seine Unschuld vermutet wird.
3 Der Mann wurde festgenommen,	weil er ein Tatmotiv hat.
4 Er wurde in der Nähe des Vorfalls gesehen,	dass er nicht am Tatort war.
5 Sein Name bleibt geheim,	als die Tat begangen wurde.

1 _____

2 _____

3 _____

4 _____

5 _____

6 Meine Freundin besuchte mich,	weil ich lesen wollte.
7 Sie brachte mir Bücher,	dass ich bald gesund werden würde.
8 Ich glaubte fest daran,	dass ich auf sie zählen kann.
9 Meine Freundin tröstete mich,	als ich im Krankenhaus war.
10 Ich bin sehr froh,	wenn ich traurig war.

6 _____

7 _____

8 _____

9 _____

10 _____

136 Wohin passen die Satzteile aus der Box? Ergänze die Sätze richtig. Ringle jeweils den Beistrich und das Einleitewort ein. Profis markieren auch die Personalformen.

erinnern, als • bleiben, weil • nicht, dass • Sache, wenn beim Vorbereiten, weil • klar, dass • gefreut, als • mich, wenn

1 Du erzählst Lina nichts von der _____ du mir helfen willst. Sie

weiß noch _____ ich eine Überraschungsparty plane. Meine

Schwester hat sich voriges Jahr sehr _____ wir sie damit

überrascht haben. Du musst verschwiegen _____ du sonst den

ganzen Spaß ruinierst.

2 Das ist doch _____ ich darüber schweigen werde. Ich freue

_____ ich dir helfen kann. Ich kann mich noch daran

_____ wir deine Schwester mit einem Lied empfangen haben.

Ich helfe dir gerne _____ ich Überraschungen liebe.

137 Ergänze die Gliedsätze mit einem passenden Einleitewort und setze den Beistrich richtig ein.

1 Die Milch wird anbrennen, _____wenn_____ du nicht umrührst.

2 Die Haustür war verschlossen _____ ich ankam.

3 Er meinte _____ er zum Training kommen werde.

4 Helene kauft Wolle _____ sie einen Pulli stricken will.

5 Wir zogen in eine neue Stadt _____ ich gerade fünf Jahre alt geworden war.

6 Mir gefiel die neue Umgebung _____ ich nette Freunde fand.

7 Theos Laune wird sich bessern _____ er die Aufnahme ins Team geschafft hat.

8 Meine Tante behauptet _____ meine Schwester ein braves Baby war.

9 Irina war sieben _____ ihr kleiner Bruder geboren wurde.

10 Jameel kommt spät nach Hause _____ er nachmittags Training hat.

11 Corinna hat erzählt _____ ihre Katze sieben Kätzchen bekommen hat.

12 Die Diebe verkauften das Auto _____ sie dringend Geld brauchten.

13 Ich kann gut mit Hunden umgehen _____ ich Geduld und Durchsetzungskraft habe.

ACHTUNG

Der **Gliedsatz** kann auch der **erste Teil im Satzgefüge** sein.
Dann steht der **Beistrich** direkt nach der **Personalform**.

*Wenn wir ihm dafür Geld **geben,** hilft uns Tom.*
*Als der Radfahrer um die Ecke **kam,** fuhr das Auto gerade los.*
*Dass wir gewinnen **werden,** weiß ich genau.*
*Weil wir die Besten **sind,** werden wir gewinnen.*

---

138 Wohin passen die Wörter und Satzteile aus der Box? Ergänze die Sätze richtig.

✳
✳

> Dass • Dass • Als • Als • Weil • Weil • ~~Wenn~~ • Wenn
> bist, • besuchst, • ~~rechen,~~ • warst, • war, • leidtut,
> mögen, • entschuldigst,

1 _Wenn_____ wir das Laub _rechen,_____ bringt mein Vater uns später ins Hallenbad.

2 _____ ich drei Jahre alt _____ hatte ich die Masern.

3 _____ du mich _____ freut mich sehr.

4 _____ du mein bester Freund _____ leihe ich dir mein neues Rad.

5 _____ du gestern bei uns _____ hast du die Vase im Vorraum zerbrochen.

6 _____ dir das sehr _____ wissen meine Eltern genau.

7 _____ du dich _____ ist die Sache erledigt.

8 _____ sie dich sehr _____ brauchst du keine Angst zu haben.

---

139 Drehe die Sätze aus der vorigen Übung um: Stelle jeweils den Hauptsatz an den
Beginn. Kreise das Einleitewort und den Beistrich farbig ein.

✳
✳

1 Mein Vater bringt uns später ins Hallenbad, wenn _____

2 Ich hatte die Masern, als _____

3 Es freut mich sehr, dass _____

4 Ich leihe dir mein neues Rad, _____

5 Du hast _____

_____

6 Meine Eltern wissen _____

_____

E ## Gemischte Übungen zur Beistrichsetzung

140 Aufzählungen, Anreden, Ausrufe: Kannst du alle Beistriche richtig ergänzen?
Achtung: Nicht in allen Sätzen fehlt einer!

1 Pamela Luise und Tanja machen mit.

2 Hallo Jenny bist du bei uns in der Gruppe?

3 Wo ist denn meine frisch gewaschene Hose?

4 Oh das ist aber ein schönes Bild.

5 Meine Katze liebt Bälle Schachteln und Taschen aber keine Schuhe.

6 Die hohen grünen Bäume wiegten sich im sanften warmen Wind.

7 Töpfe Teller Pfannen Besteck – wir haben alles eingepackt.

8 Peter denk auch an die neu gekauften rot getupften Tischtücher.

9 Wir spendeten keine Tücher oder Decken sondern Jacken.

10 Ist gut Isabella ich kümmere mich darum.

11 He wieso hast du mein Fahrrad umgestoßen?

12 Moment mal Leonie das war ich nicht!

13 Marian Ahmed Kira und Tom machen mit doch Mirela nicht.

14 Ha das glaubst du doch selbst nicht!

15 Stopp Leonie und Danilo hört auf zu streiten!

16 Ach riechst du auch diesen angenehmen zarten süßlichen Duft?

17 Nach der Schule war ich noch einkaufen bei Susanne bei meiner Oma und abends
mit meiner Schwester beim Gesangsunterricht.

141 Hauptsatzreihen und Satzgefüge: Kannst du alle Beistriche richtig ergänzen?
Achtung: Nicht in allen Sätzen fehlt einer!

1 Wenn du mir das Geheimnis verrätst hast du etwas gut bei mir.

2 Dass ich so unehrlich bin glaubst du doch nicht wirklich!

3 Meine Schwester studiert Mathematik ich finde das Fach auch spannend.

4 Ich möchte später Krankenpfleger werden oder ich gründe eine Bienenzucht.

5 Wenn du das tust bin ich gerne dabei.

6 Tamara kommt heute nochmal vorbei weil sie ihre Tasche vergessen hat.

7 Erwin und Erkan wollten eigentlich nicht streiten aber sie konnten es nicht verhindern.

8 Das passiert ihnen öfter doch trotzdem sind sie gute Freunde.

9 Wir müssen jetzt aufhören denn es ist schon sehr spät.

10 Omar war noch sehr klein als seine Eltern mit ihm nach Österreich kamen.

11 Lilian Piotr und Ilan sind im Team und auch Jakob ist dabei.

12 Es ist besser wenn du das mit deinen Eltern besprichst.

13 Zum Aufwärmen sollen wir eine Runde laufen oder wir gehen auf das Laufband.

14 Mehmed schnappte den Ball und dann übernahm Sana.

15 Wir wollten gerade zu unserem Ausflug aufbrechen als es plötzlich zu regnen begann.

16 Miro spielt nicht gut Basketball aber trotzdem trainiert er jeden Tag.

17 Die beiden Freunde essen ein Eis und danach schauen sie sich einen lustigen Film an.

142 **Test mit Auswertung**
Hier haben sich fünf Beistrichfehler versteckt. Vier fehlen und einer ist zu viel. Kannst du alle Fehler finden?

Als wir uns gestern Abend trafen, wollten wir einen kleinen Spaziergang machen. Elena, Timo Luisa, Konrad und ich stapften über die grüne, matschige Wiese. Wir wiesen uns gegenseitig darauf hin wenn wir eine besonders schöne Blume entdeckten. Wir sahen schöne Blüten, verschiedene Gräser, kleine Insekten und bunte Vögel. Einer von uns Timo, weiß fast so viel wie ein erwachsener, studierter Experte. Luisa ist oft etwas genervt, weil Timo lange, detailreiche Reden über Pflanzen hält. Dann stellt sie manchmal richtig, dumme Fragen, aber Timo bemerkt das nicht. Konrad und Elena kommen gut miteinander aus, deshalb machen wir oft Dinge zu dritt. Ich mag alle meine Freunde aber sie mögen sich gegenseitig nur zum Teil. Wenn wir alle gemeinsam etwas unternehmen, ist das manchmal ein bisschen schwierig.

Auswertung	
Alle 5 Fehler gefunden	Sehr gute Leistung!
3 bis 4 Fehler gefunden	Das hast du nicht schlecht gemacht!
1 oder 2 Fehler gefunden	Du solltest das Kapitel noch einmal wiederholen!

Fehlertexte

143 Finde im folgenden Text die sechs Fehler bei den ähnlichen Lauten (eu/äu, ä/e)
* und den langen Vokalen. Schreibe auf der Seite 93 die Wörter richtig auf und
* begründe die Schreibung. Wenn du dir bei der Schreibung nicht sicher bist, lies
vorne im Buch nach oder nütze ein Wörterbuch.

Sie kam aus Afrika

Die seltene Wildkatze, die in unseren Weldern lebt, sieht einer getigerten Hauskatze oft
zum Verwechseln ähnlich. Doch das Aussehen täuscht. Die Europäische* Wildkatze ist
ein sehr scheues Raubtier und wird nie zahm. Unsere getigerte Hauskatze stammt nicht
von ihr ab. Beide sind allerdings miteinander verwandt: Sie haben einen gemeinsamen
Vorfahren. Er trägt den komplizierten Namen Pseudaelurus und lebte vor 10 oder 15
Millionen Jahren. Aus dieser ersten Katze entstanden im Laufe der Zeit einige Arten, die
lengst ausgestorben sind – wie der Sähbelzahntieger. Aber eben auch alle Katzen, die
heute noch auf der Welt leben – vom Löwen bis zur kleinsten Wildkatze. Aber wann
und wieso wurde aus einer dieser Wildkatzen eine Hauskatze?

Spuren an Wänden und Grebern

In ägyptischen Königsgräbern gibt es Wandzeichnungen von zahmen Katzen, die ein
paar Tausend Jahre alt sind. Deshalb kam die in Ägypten heimische Wildkatze in den
Verdacht, die Mutter aller Hauskatzen zu sein. Das ist die Nubische Falbkatze. Oder war
es vielleicht doch die andere Wildkatze der Region, die Steppenkatze? Oder war es ganz
anders? Erst vor ein paar Jahren gelang es Forschern der englischen Universität Oxford,
diese Frage endgültig zu klären: Sie sammelten Genproben von 1000 Hauskatzen auf
allen Kontinenten der Erde. Das gefundene Erbgut verglichen sie mit der DNA von fünf
Unterarten der Wildkatze. Das Ergebnis war eindeutig: Alle, wirklich alle Hauskatzen auf
unserer Welt stammen von der Nubischen Falbkatze ab.
[…]

Die Katzen blieben – freiwillig

Vor gut 7000 Jahren, so nimmt man an, lebten bereits die ersten halbzahmen
Wildkatzen in den Dörfern. Ganz offensichtlich fanden die Katzen das Zusammenleben
mit den Menschen praktisch und bequem und beschlossen zu bleiben. Das macht die
Katze zu dem einzigen Haustier, das sich selbst domestiziert hat – also ganz freiwillig
und von sich aus das Leben als Wildtier aufgahb und zum Haustier wurde.

Jutta Aurahs: Katzen. Flinke Jäger auf Samtpfoten. Nürnberg: Tessloff Verlag 2015, WAS IST WAS,
Bd. 59, S. 6 u. 7

* „Europäisch" wird hier großgeschrieben, weil es Teil des Namens der Katzenrasse ist.

1 _____

Begründung: _____

2 _____

Begründung: _____

3 _____

Begründung: _____

4 _____

Begründung: _____

5 _____

Begründung: _____

6 _____

Begründung: _____

144 Finde im folgenden Text die drei Fehler bei der Groß- und Kleinschreibung.
✳ Schreibe die Wörter richtig heraus und begründe die Schreibung. Wenn du dir
✳ nicht sicher bist, lies vorne im Buch bei den Signalwörtern nach.

In allem spitze

Katzen haben den Körper eines Supersportlers. Die Natur hat ihnen Fähigkeiten
mitgegeben, wie sie eigentlich nur Superhelden im Comic haben. Aber was macht den
Katzenkörper so besonders?

Beweglichkeit ist alles

Die Wirbelsäule einer Katze ist viel beweglicher als bei uns oder anderen Tieren, weil die
einzelnen Wirbel weniger eng miteinander verbunden sind. Deshalb kann sich eine
Katze zum Beispiel beim schlafen einrollen, sich hoch aufrichten oder einen
Katzenbuckel machen. […]

Immer im Gleichgewicht

Der lange Schwanz wird beim Spielen, Klettern oder Springen als Balancierstange
eingesetzt. Er allein reicht aber nicht, um selbst noch auf einem schwankenden Ast das
Gleichgewicht zu halten. Katzen haben einen sehr guten Gleichgewichtssinn. Er wird
von einem komplizierten Messorgan in ihrem Ohr gesteuert. […]

Gebiss

Katzen haben ein Raubtiergebiss mit 30 Zähnen. Die langen, gebogenen Eckzähne
(Fangzähne) sind perfekt zum Packen und töten von Beute.
[…]

Schnurr- und Tasthaare

Mit ihren Tasthaaren kann eine Katze auch im dunkeln „sehen". An der Schnauze
spricht man von Schnurrhaaren. Auch an den Hinterseiten ihrer Vorderbeine hat eine
Katze Tasthaare zum Fühlen.

Jutta Aurahs: Katzen. Flinke Jäger auf Samtpfoten. Nürnberg: Tessloff Verlag 2015, WAS IST WAS,
Bd. 59, S. 14

1 _____

   Begründung: _____

2 _____

   Begründung: _____

3 _____

   Begründung: _____

145 Fehler-Supermix: In diesem Text haben sich fünf Fehler eingeschlichen: einer bei der s-Schreibung, zwei bei der Laut-Buchstaben-Zuordnung, einer bei der Groß-/Kleinschreibung und ein Beistrich fehlt. Markiere die Fehler und schreibe die Verbesserung auf die Zeilen. Begründe die Schreibung.

Warum muss ich mich eigentlich waschen?

Hast du schon einmal darüber nachgedacht, was passiren würde, wenn du dich nie mehr waschen würdest?

Du würdest nicht nur stinken, sondern du könntest davon sogar sterben!

Denk mal darüber nach: Dein Körper ist mit ungefähr 2 Quadratmetern Haut bedeckt, in der um die 2,6 Millionen Schweissdrüsen enthalten sind. Außerdem ist deine Haut mit Tausenden winziger Härchen bedeckt. Du schwitzt ständig aus den Schweißdrüsen, die auf deinem ganzen Körper verteilt sind. Auch wenn Schweiß keinen Eigengeruch hat, können Bakterien auf deiner Haut in deinem Schweiß überleben und einen unangenehmen Geruch verströhmen. Wenn du dich nicht wäschst werden deine Haut und deine Haare mit der Zeit von dem vielen Schweiß und Schleim ganz klebrig. Auch Keime leben auf deiner Haut. Normalerweise bedeuten Keime keine ernsthafte Bedrohung für unsere Gesundheit – solange sie auf der Hautoberfläche bleiben. Doch wenn sie in den Blutkreislauf gelangen, sieht die Sache ganz anders aus. Wenn du dich eine Weile nicht waschen würdest, würde deine Haut überall jucken. Dann könntest du dich wie verrückt kratzen. In dem Ganzen Schmutz leben auch gefährliche Bakterien, wie zum Beispiel die Staphylokokken. Wenn die durch offene Wunden in deinen Blutkreislauf gelangen, könntest du daran sterben!

James Doyle (Übers.: Johanna Ellsworth): Warum merke ich nicht, dass die Erde sich dreht? Und andere spannende Fragen aus der Naturwissenschaft. München: Knesebeck Verlag 2019, S. 20 u. 21

1 _____

   Begründung: _____

2 _____

   Begründung: _____

3 _____

   Begründung: _____

4 _____

   Begründung: _____

5 _____

   Begründung: _____

146 Lies die Geschichte aus der griechischen Mythologie (= Götter- und Sagen-
geschichten). Sie erklärt die Herkunft folgender Redewendung: „Das ist (m)eine
Achillesferse". Achtung: Fünf Rechtschreib- oder Beistrichfehler haben sich in
den Text eingeschlichen. Markiere sie und schreibe die Verbesserung und die
Begründung für die Schreibung unten auf die Zeilen.

Es gab Götter. Es gab Menschen. Und manche waren von beidem ein bißchen.
So jemand war Achilles – halb Mensch und halb Gott.
Achilles' Mutter war die Mehresgöttin Thetis und eigentlich hatte Zeus ein Auge auf
Thetis geworfen. Jedoch gab es da eine Weissagung, die Zeus bedenklich stimmte.
Thetis nämlich, hieß es, werde einen Sohn gebären, der stärker sein würde als sein
Vater. Dass jemand stärker werden könnte als er selbst – so ein Risiko wollte Zeus auf
gar keinen Fall eingehen. Auf der Stelle vermehlte er Thetis mit jemand anderem – dem
Peleus. Peleus war zwar ein großer Held aber er war ein Mensch und als Mensch war er
sterblich. Thetis bekam wirklich einen Sohn. Und dieser Sohn wurde nicht nur stärker als
sein Vater – er wurde stärker als jeder Mann in Griechenland. Thetis' Sohn war Achilles,
einer der berühmtesten griechischen Helden. Achilles wurde ein Held, aber er blieb
sterblich. Sein Vater war nun mal ein Mensch.
Thetis schien dieser Umstand ziemlich gegrämt zu haben. Wenn ihr Sohn schon kein
richtiger Gott und nicht unsterblich war, dann sollte ihn wenigstens kein irdisches
Schwert und kein Speer verletzen können. So badete sie ihren kleinen Sohn im Styx,
dem Fluss, über den die Toten in die Unterwelt gelangen. Denn das Wasser des Styx
macht jeden, der darin badet, unverwundbar. Allerdings konnte Thetis ihr Kind nicht
einfach ins Wasser werfen, sonst wäre der kleine Held womöglich ertrunken. Sie musste
Achilles festhalten. Sie hielt ihn an der Ferse fest und so gelangte an Achilles' Ferse kein
Tropfen vom Wasser des Styx. An dieser Stelle blieb Achilles verwuntbar und da traf ihn
dann vor Troja auch der tödliche Pfeil. Noch heute nennt man die ungeschützte Stelle
eines Menschen: seine Achillesferse.

Hermann Stange/Katharina Grossmann-Hensel: Zeus, Herkules und Co. Griechische Götter, Helden
und Abenteuer. Wien: Annette Betz Verlag 2009, S. 13

1 _____

Begründung: _____

2 _____

Begründung: _____

3 _____

Begründung: _____

4 _____

Begründung: _____

5 _____

Begründung: _____

DURCHSTARTEN LERNHILFEN –
FÜR GUTE NOTEN UND EIN ENTSPANNTES FAMILIENLEBEN!

VERITAS hat sich mit der (Weiter-)Entwicklung der Durchstarten-Lernhilfen das Ziel gesetzt, allen Schüler:innen in Österreich – von der Volksschule bis zur Matura – **gute Noten** und **nachhaltigen Lernerfolg** zu ermöglichen und dadurch für weniger Stress in der Familie und der Schule zu sorgen. Somit tragen die Durchstarten-Lernhilfen auch zu einem **entspannten Familienleben** bei.

ÖSTERREICHISCHER **LEHRPLAN**

Unsere Leitlinien

- **Keine Übung kommt zweimal vor!**
- Digitale Inhalte und Funktionen, wie zum Beispiel das Anhören von Hörverständnisübungen am Smartphone, werden dort eingesetzt, wo sie das **Lernen sinnvoll unterstützen**.
- Die Durchstarten-Lernhilfen werden **von erfahrenen Pädagog:innen/Lehrer:innen entwickelt**.
- Wir orientieren uns an den aktuellen **Anforderungen des österreichischen Lehrplans** und unterstützen dadurch die **bildungsrelevanten Ziele Österreichs**.
- Die Lernhilfen können **unabhängig vom jeweils verwendeten Schulbuch** eingesetzt werden.
- Bei der Produktentwicklung legen wir den Fokus auf die Anforderungen und Wünsche der Verwendergruppen – also **Schüler:innen, Lehrer:innen und Eltern**.

Nutzen für Schüler:innen, Lehrer:innen und Eltern:

Schüler:innen

mehr Lernerfolg/bessere Noten bei geringerem zeitlichem Übungsaufwand und somit mehr Freizeit und weniger Probleme mit Eltern und/oder Lehrer:innen

bildstadt, Linz

Lehrer:innen

Sicherheit, immer das passende lehrwerksunabhängige, aber lehrplankonforme Übungsmaterial zu haben (z. B. für die **Differenzierung**)

VERITAS-Verlag, Linz

Eltern

entspanntes Familienleben (kein Schul-/Notenstress), **Zeitersparnis beim Üben** und Unterstützung beim **Home-Schooling**

bildstadt, Linz

Mehr Infos unter: www.durchstarten.at

DURCH STARTEN

DEUTSCH
RECHTSCHREIBUNG ÜBEN

2. Klasse Mittelschule / AHS
Lösungen

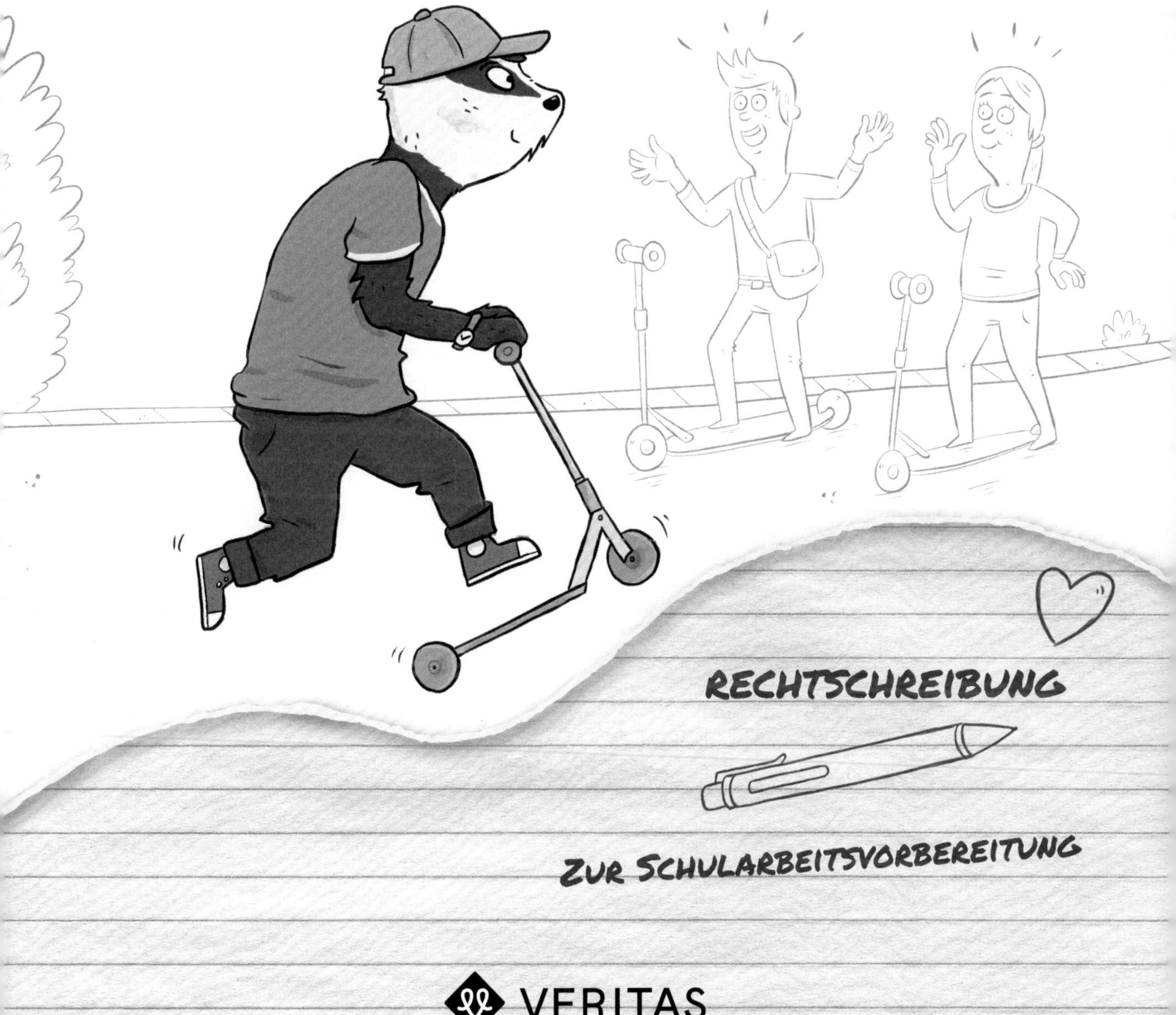

2

RECHTSCHREIBUNG

ZUR SCHULARBEITSVORBEREITUNG

Liebe Eltern!

Dieses Lernhilfebuch umfasst **alle wichtigen Lerninhalte zur Rechtschreibung in der 2. Klasse in Deutsch**. Damit ist Durchstarten **die ideale Lernhilfe während des Schuljahres zum Thema Rechtschreibung**. Egal, welches Rechtschreibthema in der Schule gerade besprochen wird, Durchstarten bietet dazu **verständliche Erklärungen, umfangreiche Übungen** in drei Schwierigkeitsgraden. Sie müssen sich nicht mehr überlegen, wo Sie passende Übungen für Ihr Kind herbekommen oder wie Sie das Thema Ihrem Kind noch einmal verständlich erklären können – Durchstarten erledigt das für Sie!

Damit entlastet Sie Durchstarten und verhilft Ihnen zu einem entspannten Familienleben ohne Schul- und Notenstress.

Wie das Üben mit dem Buch **funktioniert**, lesen Sie bitte auf der **inneren Umschlagseite** 2 nach.

Wo Sie das jeweils passende **Übungsthema** finden, steht vorne im **Inhaltsverzeichnis**.

Wenn Ihr Kind die **Mittelschule** besucht, wird es in Deutsch im **Leistungsniveau „Standard"** oder **„Standard AHS"** unterrichtet. Die Übungen mit einem ✱ oder zwei ✱✱ entsprechen dem Leistungsniveau „Standard", die Übungen mit drei ✱✱✱ dem Leistungsniveau „Standard AHS". So kann Ihr Kind **je nach** seinem **Leistungsniveau optimal trainieren und** sich **verbessern**.

Unsere Leitlinien
- Diese Durchstarten-Lernhilfe wurde **von erfahrenen PädagogInnen / LehrerInnen entwickelt**.
- Wir orientieren uns an den **aktuellen Anforderungen des österreichischen Lehrplans**.
- Diese Lernhilfe kann **unabhängig vom jeweils verwendeten Schulbuch** eingesetzt werden.
- Bei der Produktentwicklung haben wir den Fokus auf die Anforderungen und **Wünsche von Ihnen und Ihrem Kind** gelegt.
- Digitale Inhalte und Funktionen werden nur dort eingesetzt, wo sie das **Lernen sinnvoll unterstützen**.

Immer am neuesten Stand
Auf www.durchstarten.at informieren wir Sie über alle verfügbaren Titel der Durchstartenreihe.

Wir wünschen Ihnen und Ihrem Kind ein erfolgreiches Schuljahr in der 2. Klasse!

Ihr Durchstartenteam

1

A	C	H	S	E	L	B	Z	O	P	H	Ö	A	R
D	T	A	R	Z	N	R	H	A	D	I	G	B	Ä
N	I	E	S	E	N	Ö	H	E	p	N	M	W	Ü
W	R	R	W	H	Z	S	B	O	Z	D	L	Ä	Q
U	Ö	Q	Ü	Y	R	E	P	A	T	E	J	R	L
C	S	S	F	A	F	L	F	Ö	B	R	M	T	D
A	S	U	D	Q	B	X	K	S	K	N	A	S	F
Q	A	E	V	L	Ö	S	E	N	A	I	H	I	V
G	E	S	P	E	N	S	T	F	Z	S	H	Ö	X
D	T	U	B	L	Ö	I	P	A	S	D	F	G	H
L	G	R	Ä	U	S	P	E	R	N	R	T	H	X
H	E	I	L	S	A	M	T	A	A	N	G	S	T

Von links nach rechts: Achsel, niesen, lösen, Gespenst, räuspern, heilsam, Angst
Von oben nach unten: Brösel, Hindernis, abwärts

2

B	I	S	S	C	H	E	N	Ü	Q	K	G	X	B
L	G	I	I	O	N	K	Z	P	Z	A	N	O	R
A	R	O	A	L	G	P	Ü	M	D	S	E	U	F
S	M	H	E	K	H	R	T	A	Z	S	P	U	A
S	D	Z	U	B	K	E	T	S	H	A	K	E	S
U	H	F	H	A	H	S	P	S	T	I	W	P	S
N	B	A	V	B	F	S	U	E	X	P	E	O	E
G	E	N	U	S	S	E	T	Ö	D	J	W	Z	N
W	J	L	N	K	J	N	N	Ä	S	S	E	M	T
O	T	A	F	L	Ü	S	S	I	G	Z	W	I	Ü
E	F	H	D	B	O	G	E	W	I	S	S	E	N
X	M	A	Ö	G	Ü	T	I	P	Ü	Q	G	H	D

Von links nach rechts: bisschen, Genuss, Nässe, flüssig, Gewissen
Von oben nach unten: blass, pressen, Masse, Kassa, fassen

3

G	G	S	Z	U	Z	S	C	H	W	E	I	ß	I
I	R	C	R	ß	U	ß	ß	T	K	ß	E	T	K
E	ß	H	W	B	ß	Q	S	ß	Ö	S	A	I	J
ß	F	I	D	E	W	ß	ß	A	ß	T	D	P	H
E	ß	E	V	I	A	ß	X	T	O	O	P	L	G
N	U	ß	G	ß	K	F	L	E	I	ß	I	G	T
ß	J	E	ß	E	L	ß	T	H	I	E	ß	R	G
Z	M	N	M	N	Ö	O	K	G	D	N	D	H	F
D	R	A	U	ß	E	N	V	R	Y	U	Z	C	M
W	U	I	L	S	F	L	I	E	ß	B	A	N	D
E	Z	I	G	R	O	ß	E	U	Ü	Z	Z	K	P
W	A	S	O	ß	E	A	S	D	G	K	Ü	ß	Ü

Von links nach rechts: Schweiß, fleißig, draußen, Fließband, groß, Soße
Von oben nach unten: gießen, schießen, beißen, stoßen

4

abwärts	stoßen	beißen
pressen	niesen	bisschen
Gespenst	Genuss	räuspern
Soße	Gewissen	flüssig
Fließband	lösen	Achsel
Angst	Nässe	Masse (Gewicht)
blass	Schweiß	fleißig
Kassa	Brösel	gießen
fassen	draußen	groß
Hindernis	schießen	heilsam

5 Angst, Nässe, räuspern, draußen, Hindernis

6 riesig, säuseln

7 Verschluss, verpassen

8 großartig, süßlich

9
1 passen – es passt – passend – aufpassen – anpassen
2 grüßen – du grüßt – sie hatten gegrüßt – grüßend – der Gruß
3 grasen – die grasenden Kühe – das Gras – die Gräser
4 küssen – wir küssten uns – der Kuss – einen Kussmund machen – das Küsschen
5 der Fuß – die Füße – die Fußsohle – barfuß durch den Sand laufen
6 das Haus – die Häuser – häuslich – das Gehäuse – die Behausung

10
1 Essen, der Esstisch, wir aßen, wir haben schon gegessen
2 der Raser, er rast mit dem Bike den Berg hinunter, die Zeit vergeht rasend schnell
3 schließen, jetzt ist Schluss, wir entschließen uns dafür, schlussendlich, sie schloss die Tür, der Entschluss steht fest
4 fasten, er fastete eine ganze Woche, die Fastenzeit, eine Fastenkur machen

11
1 flüssig, der Fluss, fließen, floss, die Flüssigkeit, die Fließgeschwindigkeit
2 essbar, er aß, das Essbesteck
3 vergesslich, er vergaß, die Vergesslichkeit, vergessen
4 das Gas, der Vergaser, die Gasflasche, der Gaskocher, gasförmig
5 fassen, er verfasste einen Roman, ich fasse es nicht, etwas zusammenfassen
6 küssen, der Kuss, das Küsschen, sie küssten einander
7 lassen, er ließ die Tür offen, verlass mich nicht, der Anlass

12

1 Wasser ist bei Zimmertemperatur **flüssig**, ab etwa 100 Grad Celsius wird es zu Dampf, es wird **gasförmig**.

2 Der Kinderbuchautor hat bereits sein vierzigstes Buch **verfasst**.

3 Die Sonne ging unter, Geigenmusik setzte ein und das „Happy End" nahte: Sie **küssten** sich.

4 In Frankreich begrüßen sich Freunde und Bekannte meist mit drei **Küsschen** auf die Wange.

5 Er **ließ** die Tür offen und so konnte der Hund davonlaufen.

6 Diese Pilze sind giftig, sie sind nicht **essbar**.

7 Beim Campen verwenden wir zum Kochen meistens einen **Gaskocher**.

8 Den **Anlass** für den Streit habe ich **vergessen**, ich kann mich wirklich nicht mehr erinnern.

9 Hast du den Film gut gefunden? Ich habe nicht verstanden, worum es eigentlich ging. Kannst du die Handlung für mich kurz **zusammenfassen**?

10 Du hast die Schlüssel liegen **lassen**! Ich kann deine **Vergesslichkeit** nicht **fassen**. Das ist ja kaum zu glauben!

11 Amina **aß/isst** den Wrap im Gehen ohne **Essbesteck**.

12 Die Sache wird bestimmt klappen, **verlass** dich drauf!

13

1 gießen: Hast du gestern die Blumen **gegossen**?

2 fließen: Wohin **fließt** die Donau?

3 genießen: Ich erinnere mich genau. Heute vor einem Jahr **genoss** ich den Sonnenschein am Palmenstrand.

4 wissen: Ich **weiß** nicht genau, ob ich das alles wirklich **wissen** will.

5 verfassen: Wow, du hast einen wirklich tollen Text **verfasst**.

6 lassen: Der kleine Hund gestern **ließ** mein Herz schmelzen.

7 beißen: Wirklich? Und das, obwohl er dich in die Hand **gebissen** hat?

8 verdrießen: Nein, das hat mich nicht **verdrossen**.

9 abschließen: Der Nachtwärter **schloss** gestern um 23 Uhr alle Türen **ab**.

10 schießen: Das Auto **schoss** gestern um 20.45 Uhr mit überhöhter Geschwindigkeit durch den Gartenzaun.

11 verlassen: Nach dem Training vorgestern **verließ** Susanne sofort die Sporthalle.

12 zerreißen: Wutentbrannt **zerriss** er den Brief, nachdem er ihn kurz überflogen hatte.

13 schmeißen: Wer hat die Turnschuhe ins Badezimmer **geschmissen**?

14 stressen: Die Tests vorige Woche haben mich ordentlich **gestresst**.

15 zusammenreißen: Nachdem der ärgste Schmerz vorüber war, **riss** sich Elvin **zusammen** und lief weiter.

16 essen: Im vorigen Urlaub **aßen** wir viele exotische Gerichte.

17 müssen: **Musst** du die Musik wirklich so laut aufdrehen?

18 passieren: Wie ist denn das **passiert**?

19 küssen: Der siegreiche Fahrer **küsst** den Pokal.

20 passen: Um wieviel Uhr **passt** es dir?

21 hassen: Oh nein, diesen Song **hasse** ich wirklich!

22 vermissen: Ich freue mich, wenn wir unseren Kater aus der Tierklinik abholen können – ich **vermisse** ihn wirklich schon sehr.

14

1 Fass	4 Soße	7 Grimasse
2 falls	5 fleißig	8 Reis
3 groß	6 Flesserl	9 las

15

1 Darf ich bitte ein **bisschen** von deinem Brot **abbeißen**?

2 Du **musst** jeden Tag ein Blatt vom Kalender **abreißen**.

3 Hui, diese **Piste** geht aber steil **abwärts**.

4 Du darfst den Hund auf keinen Fall **anfassen**.

5 Ich bin so nervös. Ich spüre meinen **Angstschweiß**.

6 Sie wurde schwer verletzt und war **bewusstlos**.

7 Komm, **lass** uns in die Sonne gehen, du siehst **blass** aus.

8 Unser neues Kätzchen **döst** am Fensterbrett.

9 Schau mal, **draußen** regnet es.

10 Der Dieb war sehr **dreist**. Er verübte den Raub am helllichten Tag.

11 Genau, deshalb will ich nicht im **Erdgeschoß** wohnen.

12 Mmm, dieses **Dessert** ist ein **Genuss**.

13 **Falls** du heute noch Zeit **hast**, komm doch vorbei!

16

1	die Reise	9	das Gebiss
2	fließen	10	beißen
3	fassen	11	die Erdnuss
4	der Schluss	12	die Dose
5	der Beweis	13	der Fels
6	draußen	14	fleißig
7	die Großmutter	15	hastig
8	das Maßband	16	hässlich

17

1 Wasser, Kassa, Tasse, Fass, Füße   Füße

2 fließen, grüßen, rasen, gießen   rasen

3 niesen, Mäuse, genießen, Rasen   genießen

4 räuspern, heilsam, pressen, Angst   pressen

5 bisschen, lösen, blass, anfassen, Gewissen   lösen

6 Gefängnisse, Ergebnisse, barfuß, Nässe   barfuß

7 Größe, bloß, Tasse, sie saß, schießen   Tasse

8 Insel, abwärts, Dessert, er las, dösen   Dessert

18

Einzahl (Singular)	Mehrzahl (Plural)
das Bedürfnis	die Bedürfnisse
das Begräbnis	die Begräbnisse
der Bus	**die Busse**
das Geheimnis	**die Geheimnisse**
das Ereignis	die Ereignisse
die Erlaubnis	**die Erlaubnisse**
das Gefängnis	**die Gefängnisse**
das Zeugnis	die Zeugnisse
der Zirkus	die Zirkusse

19

1 **der Atlas, die Atlanten (auch: Atlasse):** Sammlung geografischer Karten

2 **der Krokus, die Krokusse:** eine Frühlingsblume

3 **der Diskus, die Disken (auch: Diskusse):** Wurfgerät in Form einer Scheibe

4 **die Praxis, die Praxen:** die Art und Weise, etwas durchzuführen; auch der Raum, in dem eine Ärztin/ein Arzt untersucht

5 **der Fokus, die Fokusse:** der Mittelpunkt oder Schwerpunkt des Interesses/eines Gesprächs; Fachbegriff in der Optik (Wissenschaft vom Licht)

6 **der Kaktus, die Kakteen:** Pflanze mit der Fähigkeit, Wasser zu speichern

7 **der Ritus, die Riten:** der überlieferte Brauch, wie eine feierliche Handlung ablaufen soll, z. B. eine Hochzeit

8 **das Tempus, die Tempora:** lateinisches Wort für „Zeit"

9 **der/das Virus, die Viren:** spezielle Form eines Krankheitserregers

20

Einzahl (Singular)	Mehrzahl (Plural)
der Atlas	die Atlasse; besser: Atlanten
der Fokus	**die Fokusse**
das Tempus	die Tempora
der/das Virus	**die Viren**
der Kaktus	**die Kakteen**
der Ritus	**die Riten**
die Praxis	die Praxen

21 **Die Wörter mit ß sind unterstrichen.**

Ihr Vater steckte den Kopf herein. „Ich möchte nicht stören. Aber ich brauche noch Hilfe bei der Beleuchtung auf der Terrasse. Wenn ihr hier fertig seid, könntet ihr vielleicht die Pakete und die Windlichter rausbringen? Sie stehen im Flur." Franzi rappelte sich immer noch kichernd aus dem Sitzkissen hoch. „Klar, ich komme sofort. Mir wird es hier eh zu gefährlich." Sie sprang auf und folgte Herrn Grevenbroich.

„Ich komme auch", beeilte sich Kim zu sagen. „Marie findet ihre Sachen bestimmt schneller, wenn wir sie nicht ablenken."

Von der Tür aus rief sie: „Barfuß ist übrigens auch eine Alternative!", und machte, dass sie wegkam, bevor Marie ein neues Wurfgeschoss gefunden hatte. Marie seufzte. Sie ging zu dem großen Wandspiegel mit Ballettstange und betrachtete sich nachdenklich. Das neue dunkelblaue Neckholder-Kleid saß perfekt. [...]

Kim, Franzi und Marie standen mit Kommissar Peters an der Bar. Er nahm einen Schluck aus seinem Champagnerglas. „Sagt bloß, ihr seid schon am nächsten Fall dran?", fragte er. Franzi musste grinsen. Eigentlich hatten sie den Kommissar fragen wollen, ob es neue kriminelle Geschehnisse gab, bei denen die Polizei Hilfe von den erfolgreichen Detektivinnen brauchte.

Mira Sol: Die drei !!! - Die Jagd im Untergrund. München: dtv Verlag 2013 (ungekürzte Ausgabe, Bd. 22), S. 13 u S. 20

22 ss: Terrasse, Sitzkissen, Wurfgeschoss, Kommissar, musste, Geschehnisse

ß: barfuß, großen, saß, bloß

23

1 **schließen** – Schluss – du schließt – abschließen

2 **barfuß** – Fuß – Fußpflege – Fußball

3 **groß** – vergrößern – Kleidergröße – Großeinsatz

4 **saß** – Schneidersitz – sitzen – Sitzbank

5 **bloß** – Blöße – entblößen – bloßstellen

6 **müssen** – musste – ein Muss – ihr müsst

7 **Geschehnisse** – geschehen – geschah – Geschehnis

24

Schneidersitz	abschließen	Fußpflege
schließen	entblößen	ihr müsst
Schluss	vergrößern	Großeinsatz
Fuß	Geschehnis	Geschehnisse
barfuß	Fußball	saß

25

Singular	Plural	Verb	Adjektiv mit -lich oder -ig
das Haus	die Häuser	hausen	häuslich
der Biss	die Bisse	**beißen**	**bissig**
der Genuss	**die Genüsse**	genießen	**genüsslich**
der Anlass	**die Anlässe**	**anlassen**	anlässlich
die Laus	**die Läuse**	**lausen**	**lausig**
der Anstoß	die Anstöße	**anstoßen**	**anstößig**
das Maß	**die Maße**	messen	**mäßig**
der Hass	–	**hassen**	**hässlich**

26

1 DAS WASSER AM FUSSE DES BERGES WAR GLASKLAR.

2 DAS UNFASSBAR SCHLECHTE ESSEN VERMASSELTE UNS DEN AUSFLUG.

3 DIE KOMMISSARIN WEISS NOCH NICHTS VON DEM GESCHEHNIS.

4 MIT DIESER PASTE WERDEN IHRE ZÄHNE PERLWEISS.

5 DIE NÄSSE IST EIN BISSCHEN LÄSTIG.

6 SIE SASSEN EINIGERMASSEN MÜDE AUF DER TERRASSE.

7 DRAUSSEN SPRIESSEN DIE KROKUSSE.

8 DER GROSSVATER ASS NUR EINEN ESSLÖFFEL DES DESSERTS.

ss: Wasser, unfassbar, Essen, vermasselte, Kommissarin, Nässe, lästig, Terrasse, Krokusse, Esslöffel, Desserts

ß: Fuße, weiß, perlweiß, saßen, einigermaßen, draußen, sprießen, Großvater, aß

27
1	Krokus	**5**	Riten
2	Atlas	**6**	Tempora
3	Diskus	**7**	Viren
4	Kakteen		

28 Von einem menschenfressenden Hai verspeist zu werden – geht's noch gruseliger? Wohl kaum. Haie haben sich über Millionen Jahren zu perfekten Unterwasser-Killermaschinen entwickelt, mit einem Schlund voll Rasierklingen am einen Ende und einer kräftigen Schwanzflosse am anderen, die den grinsenden Torpedo in Höchstgeschwindigkeit durchs Wasser schießen lässt … geradewegs auf dich und deine verzweifelt paddelnden Beine zu! Aarrggh! Haie riechen einen Tropfen Blut in Millionen Liter Wasser, Haie spüren die Elektrizität in deinen zuckenden Muskeln.

Glenn Murphy (Übers.: Ulrich Thiele): Das Panik-Buch. Warum wir im Dunkeln Angst haben und Spinnen gruselig sind. Würzburg: Arena Verlag 2011, S.13–14

29 Insgesamt sind uns 350 Arten von Haien bekannt. Von diesen 350 können uns nur ein paar gefährlich werden, darunter der Weiße Hai, der Riffhai und der Tigerhai. Selbst diese Arten vergreifen sich nur selten an badenden Menschen und selbst dann meistens nur aus Versehen. Normalerweise wollen sie gar nichts von uns – außer irgendwer meint, er müsste einen Hai füttern oder anstupsen (das ist keine gute Idee), oder ein Surfer fällt vom Brett direkt auf einen nichts ahnenden Hai (das ist dann einfach nur Pech). Aus dem Nichts greifen Haie eigentlich nur an, wenn sie einen Schwimmer oder Surfer für einen Seehund oder eine Schildkröte halten. Das kann schon mal passieren, so von unten und im Wasser … eine schmerzhafte Verwechslung, aber eben eine Verwechslung. Außerdem lassen sie dann meistens nach dem ersten Bissen los und verziehen sich, statt weiter an dem unglücklichen Wassersportler herumzunagen. Ich weiß schon, was du jetzt denkst. Klasse. Das wird mir sicher sehr weiterhelfen, wenn ich dann schon ohne Beine am Strand liege.

Glenn Murphy (Übers.: Ulrich Thiele): Das Panik-Buch. Warum wir im Dunkeln Angst haben und Spinnen gruselig sind. Würzburg: Arena Verlag 2011, S.13–14

30 **Schon gewusst?**

Reine Wohnungskatzen, die mit ihrer Familie in ein Haus mit Garten umziehen, haben Angst vor der unbekannten Welt vor der Tür. Sie gehen anfangs nur sehr vorsichtig nach draußen und können in Panik geraten, wenn die Tür hinter ihnen nicht weit offenbleibt. Eine Wohnungskatze braucht lange, ehe sie die neue Freiheit auch genießen kann.

Jeden Tag neue Abenteuer

Vor ein paar Jahren wollte ein neugieriger Katzenbesitzer gerne wissen, was sein Kater mit dem Namen Mr. Lee tagsüber draußen erlebte. Er baute eine Kamera, die klein und leicht genug war, dass Mr. Lee sie am Halsband tragen konnte. Alle zwei Minuten fotografierte die Kamera automatisch, was der Kater gerade sah. Die Bilder erzählen viel über das Verhalten und den Tagesablauf freilaufender Katzen.

Bitte umblättern! ↰

Maus in Sicht!

Geht eine Katze auf die Jagd, schleicht sie sich vorsichtig so nahe wie möglich an die Beute heran und wartet geduldig, bi**s** sie mit einem Sprung angreifen kann. Katzen lauern jedoch nicht stundenlang vor einem Mauseloch. Meist bleiben sie nicht länger als eine halbe Stunde. […] Hat eine Katze eine Maus erwischt, hält sie sie mit den Krallen der Vorderpfoten fe**st** und tötet sie mit einem gezielten Biss in den Nacken. Eine Ratte dagegen ist ein gefährlicher Gegner. Sie bei**ß**t mit scharfen Zähnen um sich und kann eine Katze ernsthaft verletzen. Katzen schützen sich, indem sie so eine Beute mehrmals in die Luft schleudern und dann kurz laufen lassen, bis das Opfer schwach wird. Erst dann folgt der tödliche Biss.

Jutta Aurahs: Katzen. Flinke Jäger auf Samtpfoten. Nürnberg: Tessloff Verlag 2015, WAS IST WAS, Bd. 59, S. 34

draußen, wissen, bis, fest, beißt

31
+
32

1 <u>Das</u> ist mein neues Fahrrad.   **D**
2 Hier ist das Buch, <u>das</u> mir meine Freundin geborgt hat.   **R**
3 Dort steht das Kind, <u>das</u> neu an der Schule ist.   **R**
4 Was ich mir wünsche, ist <u>das</u>: Höre mir mal kurz zu.   **D**
5 <u>Das</u> hat sie laut und deutlich so gesagt.   **D**
6 Ist <u>das</u> die Schule, an der du früher warst?   **D**
7 Wo hast du das Spiel hingegeben, <u>das</u> wir gestern gekauft haben?   **R**
8 Meinst du <u>das</u> hier?   **D**
9 Ja, genau <u>das</u> meine ich!   **D**
10 Was soll <u>das</u> Chaos?   **A**
11 Es ist das Chaos, <u>das</u> wir beim Kochen verursacht haben.   **R**
12 Mir gefällt <u>das</u> neue Skateboard wirklich gut.   **A**
13 Willst du <u>das</u> tatsächlich deiner Schwester erzählen?   **D**

33

1 Was soll <u>das</u>? dies
2 Ist das Kleid, <u>das</u> du gekauft hast, aus Baumwolle? welches
3 Von wem kommt das Geschenk, <u>das</u> du bekommen hast? welches
4 Woher weißt du <u>das</u>? dies
5 Wer sagt <u>das</u>? dies
6 Ist es dieses Buch, <u>das</u> du willst? welches
7 Ja, es ist genau <u>das</u>, <u>das</u> ich meine! dies(es), welches
8 <u>Das</u> ist ja das Problem, <u>das</u> ich habe: Nein, ich bin nicht zufrieden damit. Dies; welches
9 Ist <u>das</u> Ergebnis jenes, welches du erreichen wolltest? dieses
10 Dort drüben im Regal steht das Spiel, <u>das</u> ich mir ausborgen möchte. welches

34

1 Er meint, **dass** er damit nichts zu tun habe.
2 **Dass** er die Wahrheit sagt, bezweifle ich.
3 Wieso meinst du, **dass** er lügt?
4 Naja, er behauptet, **dass** er am Wochenende bei seinem Onkel in Graz war.
5 Und du glaubst, **dass** das nicht stimmt?
6 Nein, ich glaube es nicht. Ich bin mir sicher, **dass** es nicht wahr ist.
7 Es wundert mich, **dass** du ihm so wenig vertraust.
8 Das kommt daher, **dass** ich ihn am Samstagabend im Freibad gesehen habe.

9 Bist du ganz sicher, **dass** es er war?

10 Ich glaube schon, **dass** ich richtig gesehen habe.

11 Siehst du! Ich wusste doch, **dass** es vielleicht ein Missverständnis ist.

12 Glaubst du wirklich, **dass** ich mich getäuscht habe?

13 Ich weiß, **dass** du sehr kurzsichtig bist und ohne Brillen schwimmst.

35
1 Ich glaube, dass ich es bald geschafft habe.

2 Tom schreibt, dass er im Urlaub Delfine gesehen hat.

3 Meine Tante hofft, dass sie ihre Arbeitsstelle behalten kann.

4 Die Sportlerin lief so schnell, dass niemand sie einholen konnte.

5 Das Essen schmeckte so gut, dass alle zufrieden waren.

6 Ich möchte Sie darauf hinweisen, dass Handys hier nicht gestattet sind.

36
1 Edgar hofft, dass er das Rennen gewinnen wird.

2 Serena spielt so gut Tennis, dass es kein Match gibt, das sie nicht gewinnt.

3 Tamara gefällt das Lied so gut, dass sie es ständig im Ohr hat.

4 Wir hoffen, dass wir das Auswärtsspiel morgen gewinnen.

37
1 Silvio ist sicher, **dass** er ein berühmter Sänger werden wird.

2 **Das** ist ziemlich unwahrscheinlich, **dass** es morgen regnen wird.

3 Bist du sicher, **dass** du alles eingepackt hast?

4 Woher hast du **das** Kleid?

5 Wir besichtigten **das** Haus, **das** wir mieten wollten.

6 Du musst darauf achten, **dass** das Wechselgeld stimmt.

7 Wusstest du, **dass** Richard in Südafrika geboren worden ist?

8 Endlich! Schau, **das** ist **das** Fahrrad, **das** ich extra bestellt habe.

9 **Dass** die Sache doch noch gut ausgehen würde, **das** habe ich nicht erwartet.

10 Du siehst, **dass** es sich lohnt, am Ball zu bleiben.

38
1 Lass uns versuchen, **dass** wir bis zum Abend mit der Arbeit fertig sind.

2 Er glaubt nicht, **dass das** Gerät lange funktionieren wird.

3 **Dass** du das verheimlicht hast, **das** werde ich dir nur schwer verzeihen.

4 Aber ich kann nichts dafür, **dass** ich **das** so spät erfahren habe.

5 Wir wissen, **dass** das Haus zu vermieten ist.

6 Leo freut sich, **dass** sein Hund wieder gesund ist.

7 **Dass** wir alle gemeinsam diesen Ausflug machen, **das** freut mich sehr!

8 Er vergisst, **dass** er die Herdplatte ausschalten muss.

9 **Das** ist aber eine schöne Überraschung, **dass das** Kino Gratiskarten vergibt.

10 Igor und Valerie hoffen, **dass das** Konzert, auf **das** sie sich schon so freuen, stattfinden kann.

39 Wörter einprägen (Denkaufgabe)

40 Die gesuchten Wörter sind grau unterlegt

+

41 Die gesuchten Wörter sind so unterstrichen

+

42 Die gesuchten Wörter sind einfach unterstrichen.

abbeißen	Dessert	Achsel	Kakteen
blass	Kassa	draußen	Virus
gleichmäßig	riss ab	fasste an	großzügig
heilsam	Ereignisse	heißen	Atlanten
lösen	meistens	misslingen	niesen
riskant	schießen	schoss	schließen
Schloss	schließlich	dösen	schmeißen
schmiss	abreißen	stoßen	wissbegierig
Schweiß	Spaß	anfassen	stieß
Stress	verlassen	abwärts	verlässlich
Hindernis	gießen	Schluss	vergessen
fleißig	Abfluss	Zeugnis	Krokusse

43 Was für eine Wahl, dachte ich – entweder einen Auftrag der Ameisenkönigin anzunehmen oder bei lebendigem Leib **gefressen** zu werden. Die Entscheidung fiel mir nicht leicht, aber ich gehorchte meinem Instinkt. „Okay", sagte ich. „Ich übernehme den Fall."
Außerdem mochte ich die alte Tante irgendwie. Im Garten war sie eine lebende Legende – die **große** Mutter des **Ameisennests**. **Dass** im Garten seit Jahren Frieden herrschte, war hauptsächlich der Ameisenkönigin und der Art, wie sie das **Nest** verwaltete, zu verdanken. […]
Ich wurde in eine Seitenkammer geführt. Krag folgte mir, **ebenso** einige andere Soldaten, die alle nicht **aussahen**, als sei mit ihnen gut Kirschen **essen**. Sobald wir in der Kammer waren, schob Krag mir sein kleines Gesicht entgegen. „Ich kann Sie nicht ausstehen, Muldoon!", schnarrte er. „Mann", sagte ich, „soll das **heißen**, **dass** die Hochzeit abgesagt wird?" „Wir **müssen** davon ausgehen, **dass** die Königin **weiß**, was sie tut," fuhr Krag fort. „Aber ich empfinde es als schwere Beleidigung für unser glorreiches Ameisenheer, **dass** ein popeliger Käfer unsere Arbeit erledigen soll." „Hör mal, Alter, ich hab mich um diesen Job nicht gerade gerissen, okay? Ich hab nur etwas dagegen, **gefressen** zu werden."

Paul Shipton (Übers.: Andreas Steinhöfel): Die Wanze. Frankfurt: Fischer Taschenbuch Verlag 2001, S. 40–41

44 Gleichmäßig riss fasste großzügig heilsam Ereignisse heißen Atlas räuspern blass Heiserkeit nieste Inspektor Hindernisse mäßig Kommissar zusammenfassen Zeugnis Bedürfnisse Hülse passierte prasseln interessant Kaktus lösen Krokus misslingen niesen

45 Ein Vierbeiner für dich: Bist du ein Hunde-Typ?

Du hast erfahren, dass Hunde gute Beschützer sind, dass sie ständig in Aktion und echte Familientiere sind. Das ist bei den meisten Hunden so. Aber jeder Hund wünscht auch, dass man sich gut um ihn kümmert.

Du spürst vielleicht schon den Wunsch, einen Hund zu bekommen. Aber kannst du auch wirklich gut für ihn sorgen? Überleg mal: DU kommst gut mit einem Hund klar, wenn du auch gerne läufst, spielst und tobst. Außerdem solltest du gern rausgehen, in den Wald oder auf Wiesen, denn Hunde brauchen ihren Auslauf.

Und ihnen ist es egal, ob es regnet, schneit oder die Sonne scheint, Sie wollen raus und sich bewegen. Und sie wollen das jeden Tag. Deshalb muss dein Hund dreimal am Tag mindestens eine halbe Stunde zum Gassigehen nach draußen. Dazu kommt, dass er auch drinnen gern mit dir spielt, er will, dass jemand ihm Futter hinstellt, ihn bürstet und auch mal in der Badewanne wäscht. Das und noch einiges mehr muss gemacht werden, schließlich ist der Hund ja ein echtes neues Familienmitglied. [...]

Viel Zeit für einen Hund heißt auch, dass da ein Lebewesen in eure Familie kommt, das mehrere Jahre bei euch lebt – und kein Spielzeug ist, das man in eine Ecke stellt oder wegschmeißt, wenn man keine Lust mehr hat. Ein Hund ist ein fühlendes Wesen wie du selbst. Er ist auch mal traurig, er ist fröhlich, er ist mal wütend, mal lieb. Und er will, dass du ihm sagst, wo es langgeht, er braucht klare Befehle.

Monika Schatz/Thorsten Schulz/Thomas Duffé: Kauf mir ein Krokodil! Ein RATGEBER für die Wahl deines HAUSTIERS. Berlin: Berlin Verlag 2008, S. 12–13

46

Druck	Farbe	trüb	angeblich	gemächlich
spotten	bevor	prompt	Gerät	Klima
erklären	Schädel	Pudding	lösen	kurz
Takt	sprechen	sprach	Filz	Stoß

47

1 Saal

2 Moos

3 Speer

4 doof

5 Beet

6 Shampoo

7 See

8 Klee

Der beliebte Aufenthaltsort lautet: **am Pool**

48 Ich finde das zwar nicht lustig, es **amüsiert** mich nicht, aber ich kann es annehmen, ich kann es **akzeptieren**. Trotzdem möchte ich, dass Sie mir zusichern, also **garantieren**, dass Sie mich nicht bewusst ärgern, also **sekkieren**. Ich habe jetzt wirklich versucht und ehrlich **probiert**, meine Meinung höflich auszudrücken und sie sorgsam zu **formulieren**. Es **fasziniert** mich, wie genau und sorgfältig du die wichtigsten Wörter in diesem Text **markierst**. Darf ich dein Ergebnis **abfotografieren**?

49

amiesüren	amüsieren	siekkeren	sekkieren
garientaren	garantieren	mierkaren	markieren
formieluren	formulieren	diektiren	diktieren
akziepteren	akzeptieren	prieboren	probieren
fieszinaren	faszinieren	fotiegraforen	fotografieren

50

Gardine	Kabine
Kusine	Violine
Ruine	Mandarine
Maschine	Lawine

51

1 Kusine	5 Lawine
2 Ruine	6 Violine
3 Gardine	7 Maschine
4 Kabine	8 Mandarine

52

1 Das **Lid** meines linken Auges ist entzündet.

2 Hörst du dieses **Lied** zum ersten Mal?

3 In der **Mine** in diesem Bergwerk kam es zu einem Unglück.

4 Sie blickte mich ruhig an und verzog keine **Miene**.

5 Es ist nicht ihr **Stil**, laut zu schreien und zu schimpfen.

6 Die Hexe schnappte den Besen, setzte sich auf den **Stiel** und flog davon.

7 **Wider** Erwarten gewann die auswärtige Mannschaft das Match.

8 Kannst du bitte bald **wieder** vorbeikommen?

53

1 Wir probten das **Lied** schon zum dritten Mal.

2 Wir hatten **wider** Erwarten den Aufstieg ins Finale geschafft.

3 Tom freut sich schon auf das **Wiedersehen** mit seinem Freund aus dem vorigen Urlaub.

4 „Ich habe keine Ahnung, wovon Sie sprechen", **erwiderte** der Verdächtige.

5 Bei der Verhaftung leisteten die Täter heftigen **Widerstand**.

6 Oh je, die **Mine** von meinem Druckbleistift ist zu Ende.

7 „Wie bitte? Kannst du das bitte **wiederholen**, ich habe dich nicht verstanden."

8 „Nein, du siehst das falsch! Ich muss dir **widersprechen**."

9 „Jetzt zieh nicht so eine **Miene**, so schlecht schmeckt das Essen auch **wieder** nicht!"

54

Ich muss Ihnen heftig widersprechen, wenn Sie behaupten, ich würde mich ständig wiederholen! Das ist überhaupt nicht mein Stil. Wider Erwarten musste ich das von mir soeben vorgetragene Lied aber heute tatsächlich zweimal singen. Das wird mir hoffentlich nie wieder passieren, denn der Grund dafür ist: Beim ersten Mal brach der Stiel des Mikrofons. Ich verzog zwar keine Miene und sang weiter, aber der Techniker gab mir ein Zeichen, dass ich abbrechen sollte. Obwohl ich mit einer deutlichen Handgeste widersprach, kappte er wider meinen Willen die Stromzufuhr.

55

1 Farbe: färben, einfärbig, mehrfärbig, verfärbt, abfärben
2 Tat: Täter, betätigen, tätig
3 kaufen: Verkäufer, Käuferin, verkäuflich
4 Schranke: einschränken, beschränken, verschränken
5 Herr: herrschen, Herrscher, herrlich, beherrschen
6 währen (dauern): bewähren, Währung, Bewährung, fortwährend
7 Drang: drängeln, Drängler, Gedränge
8 falten: einfältig, vielfältig
9 klar: klären, Kläranlage, erklären, Erklärung
10 lahm: lähmend, gelähmt, Lähmung
11 heulen: verheult, losheulen, aufheulen
12 Schatz: schätzen, geschätzt, verschätzen, Schätzung
13 Schleuse: durchschleusen, einschleusen
14 verlassen: verlässlich, Verlässlichkeit
15 Zahl: zählen, Schrittzähler, zählbar

56

1 Die Währung in vielen Ländern Europas heißt Euro.
2 Ich schätze deine Verlässlichkeit und freue mich darüber.
3 Die vielfältigen Schätze unseres Herrscherhauses sind beinahe unzählbar.
4 Sie konnten eine Spionin einschleusen.
5 Sie verschränkte die Hände.
6 Es war, als würde man ein eine Schleuse öffnen: Kerstin beherrschte sich nicht mehr und heulte los wie eine kleine Sirene.
7 Kannst du mir bitte das erklären?
8 Seit dem Unfall ist Eringard gelähmt.
9 Der Verdächte griff den Verkäufer tätlich an und verletzte ihn leicht.
10 Was ist denn das für ein Gedränge?

57 Bär, Ähre, Mädchen, Käse, ähnlich, bestätigen, Käfer, März, Säge, Käfig, ächzen, Mähne, allmählich, Träne, Kapitän, Schädel, schräg, Märchen, gähnen, fähig, Säule, aufwärts, abwärts, krähen, Krähe, beschäftigen, beträchtlich, dämmern, Knäuel, räuspern, überschwänglich

58

Bär	Käse
Krähe	Kapitän
gähnen	Ähre
dämmern	allmählich
Säule	bestätigen
abwärts	Märchen
fähig	ähnlich
überschwänglich	Säge

59 Pass mal auf, heute erzähle ich dir etwas, das ist kein **Märchen**, sondern wahr. Es klingt vielleicht ein bisschen **schräg**, aber ich kann dir **bestätigen**, dass sich die Geschichte so oder so **ähnlich** zugetragen hat. Eine **Krähe** befreite einen **Bären** aus einem **Käfig**. Mit einer kleinen, scharfen **Säge** schaffte sie es **allmählich**, das Schloss zu öffnen. Das Ganze geschah im Monat **März**. Der **Bär** konnte leider keine **Träne** der Freude vergießen, weil er nicht weinen kann. Aber er bedankte sich **überschwänglich**, schüttelte seinen mächtigen **Schädel** und trabte den Hügel **aufwärts** in Richtung Gipfel.

60
Der **Hai** schwimmt im Meer.
Bald ist **Mai**.
Die Fische legen ihren **Laich** ab.
Popcorn wird aus **Mais** gemacht.
Ich singe nur zum Spaß, ich bin **Laie**.

Der **Kaiser** regiert.
Ich kaufe einen **Laib** Brot.
Die Gitarre hat sechs **Saiten**.
Das Kind ist **Waise**.
Die Schi**saison** beginnt bald.

61

K	D	A	R	D	F	A	U	S	A	I	T	E	I
A	I	N	F	L	P	T	H	Z	A	L	Ö	W	H
I	K	Z	G	I	O	G	O	Ö	F	H	A	T	B
S	F	E	F	Ü	M	E	I	S	T	E	N	S	M
E	G	I	D	K	B	W	S	D	I	R	Z	Q	K
R	K	G	V	S	N	V	Ü	S	J	F	T	I	L
B	A	E	C	G	E	I	S	T	W	P	G	K	W
X	J	K	K	N	M	Q	S	V	A	A	L	L	D
R	M	A	E	Q	X	W	E	R	I	B	Ä	Ö	R
I	O	Z	T	A	I	L	L	E	S	Z	J	A	E
G	P	A	A	V	N	J	E	T	E	T	A	Ü	I
P	Ö	O	B	J	R	P	M	Z	R	U	H	Q	S
L	A	I	E	D	Z	A	N	R	A	N	Z	T	T
A	B	Q	S	A	I	E	R	E	I	S	E	V	Ö

62
1 Laienschauspieler
2 Mai
3 Meistens
4 Taille
5 keine
6 Froschlaich
7 Hai
8 Mais
9 verweilen
10 leid

63
1 die Agenten / des Agenten → Agent
2 die Astronauten / des Astronauten → Astronaut
3 die Bänke (Sitzgelegenheit), die Banken (Geldinstitut) / der Bank (hilft nicht) → die Bank
4 die Stäbe / des Stabes → der Stab
5 die Anwälte / des Anwalts → der Anwalt
6 die Schilder / des Schildes → das Schild
7 die Gänge / des Ganges → der Gang
8 die Typen / des Typs → der Typ
9 die Takte / des Taktes → der Takt
10 die Krüge / des Kruges → der Krug

64

1 absolvieren (hilft nicht), wir absolvierten → absolvier**t**

2 addieren (hilft nicht), wir addierten → addier**t**

3 fassen (hilft nicht), wir fassten → fass**t**

4 halten, wir hielten → hiel**t**

5 betrügen, wir betrogen → betro**g**

6 bieten, wir boten → ba**t**

7 bleiben, wir blieben → blie**b**

8 dösen, wir dösten → dös**t**

9 gelangen, wir gelangten (hilft nicht, durch das „t" hört man den Laut davor schlecht) → gelan**g**

10 googeln (hilft nicht), wir googelten → googel**t**

11 laden, wir luden → lu**d**

12 rülpsen, wir rülpsten → rülps**t**

13 sterben, wir starben → star**b**

14 ziehen (hilft nicht), wir zogen → zo**g**

65

1 arroganter, arrogante → arrogan**t**

2 älter, alter → al**t**

3 jünger, junge → jun**g**

4 blinder, blinde → blin**d**

5 dreister, dreiste → dreis**t**

6 dringender, dringende → dringen**d**

7 heftiger, heftige → hefti**g**

8 runder, runde → run**d**

9 privater, private → priva**t**

10 riskanter, riskante → riskan**t**

11 schräger, schräge → schrä**g**

12 billiger, billige → billi**g**

13 berühmter, berühmte → berühm**t**

14 rüstiger, rüstige → rüsti**g**

66

1 andächtiger, andächtige → andäch**tig**

2 einfältiger, einfältige → einfäl**tig**

3 fähiger, fähige → fä**hig**

4 flüssiger, flüssige → flüs**sig**

5 gewaltiger, gewaltige → gewal**tig**

6 großzügiger, großzügige → großzü**gig**

7 mäßiger, mäßige → mä**ßig**

8 sachlicher, sachliche → sach**lich**

9 schmächtiger, schmächtige → schmäch**tig**

10 verlässlicher, verlässliche → verläss**lich**

11 zotteliger, zottelige → zotte**lig**

67

du addier**st**	die grüne Ban**k**	der Agen**t**
heft**ig**	großzüg**ig**	der Gan**g**
der Ty**p**	der Ta**g**	der Kru**g**
andäch**tig**	drei**st**	der Anwal**t**
sie absolvier**t**	die Prüfung gelan**g**	er fass**t**
sie hiel**t**	sie betro**g**	er blie**b**
Milo dös**t**	Tina googel**t**	berühm**t**
sie lu**d**	der Hund star**b**	er zo**g**
arrogan**t**	das Schil**d**	jun**g**
blin**d**	rüst**ig**	dringen**d**
run**d**	fäh**ig**	der Sta**b**

68 Gähnen

Ab dem dritten Mona**t** im Mutterlei**b** beginn**t** die große Langeweile – der Fötus gähn**t**. Das ganze Leben hindurch wird weiter gegähn**t**. Mun**d** und Schlun**d** aufreißen, Augen zu, Luf**t** einziehen und mit hässlichem Schnarren wieder aushauchen. Die Han**d** halten wir uns vor den Mun**d**, ursprüng**lich** wahrschein**lich**, damit die Seele nicht abhau**t**. Inzwischen dien**t** das „Han**d** vor den Mun**d**" eher der Unterscheidun**g** zwischen gu**t** und schlech**t** Erzogenen, die draußen herumlaufen. Aber was soll das Gähnen? Warum läss**t** uns das Gehirn so etwas machen? Warum steckt es andere an? Selbs**t** wenn wir daran denken, müssen wir manchmal gähnen. Vielleicht muss**t** Du sogar gähnen, wenn Du das hier lies**t**. Klar, wir gähnen, wenn wir müde sind, besonders of**t**. Aber wir gähnen auch of**t** nach dem Aufstehen. Und vor Prüfungen. Leittiere gähnen öfter als untergebene Tiere, zumindest bei Affen. […]

Alexander Rösler/Philipp Sterzer/Kai Pannen: 29 Fenster zum Gehirn. Genial einfach erklärt, was in unserem Kopf passiert. Würzburg: Arena Verlag 2013, S. 16

69

chs	x	ks	cks	gs
Lachs	fix und fertig	links	Mucks	erbarmungslos
Achsel	mixen	Bezirksgericht	Tricks	neuerdings
Wachs	Praxis	Keks	Knacks	mittags
wechseln	Text	piksen	Glücksbringer	Angst
Dachs	Expertin	Parks	Kleckserei	halbwegs
Luchs	perplex	Volkshochschule	Knicks	tagsüber

70

erbarmungslos	Echse
Axt	ringsum
Experte	Hexe
Klacks	Keks
perplex	piksen
mittags	Lachs
mixen	Praxis
Text	Tricks
links	Klicks
Kleckserei	neuerdings
Bezirksgericht	Hengst

71

1 Ich habe keine An**g**st davor, mit dem Hen**g**st auszureiten.

2 Das neue **X**ylophon meiner Schwester ist aus Holz.

3 Ma**g**st du Fü**chs**e, Da**chs**e, La**chs**e oder Lu**chs**e lieber?

4 Wenn ich ihn sehe, kann ich nur mit den A**chs**eln zucken und die Straßenseite we**chs**eln.

5 Meine Tante unterrichtet an der Vol**ks**hochschule Vol**ks**musik. Sie ist eine bekannte E**x**pertin.

6 Sind die Ke**ks**e halbwe**gs** gelungen?

7 Das Mädchen begrüßt die Queen mit einem Kni**cks**, diesen zu lernen, war kein Kla**cks**.

8 Diese Tri**cks** beherrsche ich mit lin**ks**.

9 Eide**chs**en sind lustig anzusehende Tiere.

10 Mitta**gs** sind in den Par**ks** viele Menschen.

11 Anfan**gs** war ich schüchtern, ich habe kaum ein Wort mit den anderen gewe**chs**elt.

12 Die Pra**x**is hat zur Mitta**gs**zeit geschlossen.

13 Ihr geht es halbwe**gs** gut.

14 So, jetzt ist der Te**x**t fi**x** und fertig.

15 Psst, mach bitte keinen Mu**cks**, sonst verschreckst du den Lu**chs**.

16 Eulen sind nachtaktiv und schlafen meistens ta**gs**über.

17 Meine Glü**cks**zahl ist die Drei, welche ist deine?

72

1	Xylophon	6	piksen
2	Achsel	7	perplex
3	Glücksbringer	8	Kekse
4	erbarmungslos	9	Mucks
5	Text		

73

1 Gevatter To**d** ist ein finsterer Geselle.

2 Das ist ein sehr schlimmes Vergehen. Im Christentum nennt man es To**d**sünde.

3 Ich bin so verliebt, aber sie sieht mich nicht! Ich bin to**d**unglücklich.

4 In der europäischen Union gibt es keine To**d**esstrafe.

5 Der Kommissar rätselt über die To**d**esursache.

6 Der Unfall verlief tö**d**lich.

74

Todesangst   Todes**s**ursache   Tod**s**sünde

tödlich   Todesstrafe   todunglücklich   Todestag

75

1 Katzen tö**t**en ihre Beute oft nicht sofort, sondern spielen zuvor damit.

2 Ich bin froh, dass ich kein Ritter bin und andere to**t**schlagen muss.

3 Früher hielten die Menschen zu Hause bei den Verstorbenen To**t**enwache.

4 Zur To**t**enfeier waren viele Ehrengäste geladen.

5 Der Arzt stellte den To**t**enschein aus.

6 Ich konnte mich von meiner Oma an ihrem To**t**enbett verabschieden.

7 Von berühmten Menschen werden oft To**t**enmasken angefertigt.

8 Friedhöfe werden vom Gesetz durch die To**t**enruhe geschützt.

9 Hast du schon einmal einen To**t**enschädel genauer betrachtet?

10 Ui, dieses Thema ist wirklich nicht zum To**t**lachen.

76 totschlagen Totenmaske Totenfeier Totenschein Totenschädel Totenruhe Tote töten totlachen

77 Todeskampf, töten, Tote, Todestag, Totenschein, totlachen, totschlagen, tödlich, todunglücklich, Totenruhe

78 Für viele Menschen ist der Tod ein heikles Thema. In vielen Märchen und Sagen taucht Gevatter Tod auf: Meistens wird er als dunkel und gefährlich dargestellt. Besonders schlimme Vergehen gegen die Gesetze oder die Moral wurden lange Zeit ganz selbstverständlich mit der Todesstrafe bestraft. Auch Gläubige, die eine Todsünde begangen hatten, litten Todesangst. Denn sie mussten damit rechnen, dass es ihnen nach dem Tod schlecht ergehen werde. Jemanden zu töten war beispielsweise so ein Verbrechen. Es gibt allerdings ein Wort, das positiv besetzt ist: sich totlachen. Die Totenwache am Totenbett hatte lange Zeit Tradition. Im Totenschein werden Todesursache und Todestag sowie der Todeszeitpunkt eingetragen. Mit tödlicher Genauigkeit, sozusagen.

79

```
            T O D E S A N G S T
        T   O
        O   D           T O T L A C H E N
        T   E               Ö
T O T E N S C H E I N       D
        N   T               L
        R   A               I
    T O D U N G L Ü C K L I C H
    O       H               H
    D       E
```

80
1 Jemanden zu ermorden wird im Christentum als Todsünde bezeichnet.
2 In Märchen und Sagen trifft man oft auf Gevatter Tod.
3 Manche Menschen verspüren in der Achterbahn Todesangst.
4 Auf dem Totenschein werden Todesursache und Todeszeitpunkt eingetragen.
5 Mein Opa hat sich für seine Totenfeier Harfenmusik gewünscht.
6 Ui, schau mal. In dieser Gruft liegen Gebeine und Totenschädel.
7 Ich kann zwar eigentlich keiner Fliege etwas zuleide tun, aber wenn sie mich zu sehr nervt und ständig summt, muss ich sie dann doch totschlagen.
8 Aus Liebeskummer kann man schon mal so richtig todunglücklich sein.
9 Nach ein paar Jahren ist es dann oft zum Totlachen, was man aus Verliebtheit alles getan hat.
10 In den Weltkriegen gab es viele Millionen Tote.
11 Das sanfte Tier könnte niemals einen Menschen töten.
12 Der tödliche Unfall ereignete sich um 15 Uhr.

81	Flamme	fühlen
	faszinieren	fälschen
	Fass	Familie
	Figur	Form
	feig	fehlen
	fleißig	fesseln
	Flut	Fließband
	feucht	Fotograf

82	Information	Referat
	Profi	Konserve
	Kurve	nervig
	Vater	Mikrofon
	sofort	Vieh
	viel	befolgen
	verfärben	voll
	Farbe	Video
	Folge	Vollkorn
	Fan	Eifer

83
1 Das Vieh stand auf der Weide, die Vögel zwitscherten und ich machte ein Foto.
2 Beim Training ist Lina voller Eifer bei der Sache.
3 Mein T-Shirt ist vorne völlig verfärbt.
4 Er liebt es, wenn er sich mit dem Fahrrad in die Kurve legt.
5 Sie hielt das Referat wie ein Profi.
6 Die Harfe hat mir sehr gefallen.
7 Ilan liebt Fisch aus der Konserve.
8 Mein Vater ist ein Fan von Vollkornprodukten.
9 Gib mir bitte sofort das Mikrofon!
10 Nur widerwillig befolgen die Kinder die Regeln der Direktorin.
11 Das gefälschte Video wurde gleich gelöscht.
12 In dem neuen Kleid möchte ich auf der Party eine gute Figur machen.
13 Fasziniert blickte der Fotograf durch die Kamera.
14 Meine Familie filmt im Alltag viel mit dem Smartphone.
15 Um den Schokoladenkuchen backen zu können, braucht Tom eine Packung Backpulver.

84
1 Das ABC heißt eigentlich Alphabet, weil im Griechischen der erste Buchstabe Alpha heißt.
2 Für den Straßenbau verwendet man Asphalt.
3 Die Atmosphäre schützt die Erde vor schädlicher Strahlung aus dem All.
4 Geografie/Geographie und Physik sind meine Lieblingsfächer.
5 Oh, was für ein süßer Delfin/Delphin!
6 Ein Phänomen meint etwas, das sich beobachten oder erfahren lässt, z. B. Wetterphänomene.
7 Eine Strophe ist ein bestimmter Abschnitt in einem Lied oder einem Gedicht.
8 Mit Triumph meint man einen besonders herausragenden, mit großer Freude oder Genugtuung erlebten Sieg.
9 Das Asphaltieren von Straßen ist im Sommer enorm anstrengend.

85

1 Jemand, die oder der eine Schule oder eine Ausbildung abgeschlossen ist, ist eine **Absolventin**/ein **Absolvent**.

2 Etwas oder jemanden **aktivieren** meint, etwas starten oder jemanden in die Gänge bringen. Beispielsweise eine App am Smartphone oder Sportlerinnen und Sportler beim Training.

3 Eine glamouröse und etwas komplizierte Schauspielerin oder Sängerin nennt man eine **Diva**.

4 In Österreich sagt man Fasching, in Deutschland **Karneval**.

5 Als **Kaviar** bezeichnet man bestimmte, hochwertige Fischeier. Diese Fischeier sind sehr teuer.

6 Ein **Manöver** ist eine gezielte, organisierte Vorgangsweise. Zum Beispiel beim Militär. Es gibt auch den Ausdruck „Überhol**manöver**" im Straßenverkehr.

7 Es gibt immer weniger Landkarten und Stadtpläne auf Papier. Die meisten Menschen orientieren sich über **Navigations**systeme auf ihren Smartphones.

8 **Proviant** meint den Essens- und Getränkevorrat für eine Reise, Wanderung usw.

9 Wenn wir Karten spielen und du gewinnst, dann will ich noch eine Runde spielen, damit ich **Revanche** nehmen kann.

10 Ein **Souvenir** ist ein Mitbringsel von einer Reise.

86

Adjekt**iv** aggress**iv** Akkusat**iv** akt**iv** Genit**iv**
Dat**iv** Imperat**iv** informat**iv**

intens**iv** kreat**iv** Mot**iv** Nominat**iv**
Stat**iv** Substant**iv** Superlat**iv**

87

1 Der Täter berichtete im Verhör über sein **Motiv** für das Verbrechen.

2 Lina malt wunderschöne Bilder, sie ist sehr **kreativ**.

3 Hui, die angebratenen Zwiebeln riechen aber **intensiv**.

4 Karolas Referat war sehr **informativ**.

5 Ich sehe den Film. „Film" steht hier im **Akkusativ** und „ich" im **Nominativ**. „neu" ist ein **Adjektiv**.

6 Olga ist gerade im Chat **aktiv**, ich sehe, dass sie etwas schreibt.

7 Für ein gutes Foto eines Sonnenuntergangs braucht man ein **Stativ**.

8 Achtung, unser Kater ist heute ein bisschen **aggressiv**.

9 Achtung, ein bisschen Grammatik: Der zweite Fall heißt **Genitiv** und der dritte Fall **Dativ**. Die Befehlsform nennt man auch **Imperativ** und „am besten" steht im **Superlativ**.

10 Und wie sagt man noch zum Nomen? – Ich weiß es, man sagt auch noch **Substantiv**.

88

Ver/ver: Verstand, verbessern, verlaufen, verlassen, verlieren
Vor/vor: vorhin, vorkommen, vorsichtig, vorbereiten, Vorhang
keine Vorsilbe: Ferkel, fertig, Ferien, forschen, fort, fordern

89

1 Ferien ▪ Ferkel ▪ fertig ▪ ~~verbessern~~ ▪ Ferse ▪ fern ▪ ~~verlaufen~~ ▪ Fernseher

2 Vorhang ▪ Vorschrift ▪ vorsichtig ▪ ~~fordern~~ ▪ vorhin ▪ Vormittag ▪ ~~fort~~

3 ~~Ferse~~ ▪ versuchen ▪ Verstand ▪ versteckt ▪ Verdacht ▪ ~~Ferien~~ ▪ Vergangenheit

4 Forschung ▪ ~~vorbereiten~~ ▪ fordern ▪ fort ▪ Form ▪ formen ▪ ~~vorsichtig~~

5 vertreten ▪ ~~Fernglas~~ ▪ verbieten ▪ versuchen ▪ ~~Fernsteuerung~~ ▪ Versteck

90

fort	Ferse	Ferkel
fordern	Fvorschung	Ferien
fern	foorschen	Forelle
Ferrne	formen	Lösungswort: **v o r**

91

1 Die kleine Prinzessin hat ihre Krone **verloren**.
2 Wer hat die ganze Schokolade gegessen? Ich habe einen **Verdacht**.
3 Ich **vermisse** meine beste Freundin sehr. Sie kann mir meinen Fehler nicht **verzeihen**.
4 Ich muss die Schularbeit noch **verbessern**.
5 Ich freue mich, dass ich mich auf meine beste Freundin immer **verlassen** kann.
6 Sei **vorsichtig** mit diesen Werkzeugen.
7 Das kleine **Ferkel** ist hungrig. Laut grunzend **fordert** es Futter.
8 Wo ist denn meine Geldbörse? Sie kann doch nicht einfach **fort** sein!
9 Über Weihnachten haben wir endlich wieder **Ferien**.
10 Die Wissenschaftlerinnen und Wissenschaftler **forschen** nach einem Medikament gegen die Krankheit.
11 Stopp! Fahrradfahren ist hier **verboten**.
12 Achtung! Der Hamster ist sehr geschickt. Du musst den Käfig gut **verschließen**.
13 Die Löwin bringt ihre Jungen in ein sicheres **Versteck**.
14 Dieses Produkt überzeugt durch seine Stabilität und **Verlässlichkeit**.
15 Was war das **vorhin**? Warum bist du so schnell weggegangen?
16 Es tut mir leid! Das wird nicht wieder **vorkommen**.
17 Was, das war gar nicht echt? Du hast deine Erkrankung nur **vorgetäuscht**?
18 Stör mich bitte nicht. Ich muss mich auf mein Referat **vorbereiten**.
19 Beeil dich! Wann bist du denn endlich **fertig**?

92

V / v	F / f
verlieren	fertig
Verschluss	fern
Vortrag	Ferse
verlassen	formen / Formen
Vorgang	Formel
vorbereiten	Forschung
verändern	fort
verbieten	Ferien
Verstand	Ferkel
Vorhang	fordern
Vorsicht	
verstehen	
vergessen	
vornehmen	
Vampir	

93

1	Zahsl fahren Säge Saal Dieb	S
2	kahl Kuuh Sahne wahr lieben	U
3	groß dir Waapge Paar Aal	P
4	Moos Eehre biegen sagen Boot	E
5	Haarr Fohlen sehnen Ruf leer	R
6	siegen niesen viel stehglen Glas	G
7	Bohne schwierieg wieviel Zoo Shampoo	E
8	genießemn verdrießen Teer doof Mehl	M
9	Staat fühlen Kaaffee Soße sieben	A
10	Seele fechlen Speer Griechenland	C
11	Beere Liebe Tohr wohnen Lehne	H
12	Dieb Tee Friede Wahrheitt wählen	T

Lösungsbotschaft: **Super gemacht**

94

der Kleiderständer	redselig sein
sich freuen	die Räucherstäbchen anzünden
der Säugling	das Maisfeld
der Maibaum	sich vor Geistern fürchten
das Wollknäuel	nicht gestern, sondern heute
das Wohnheim	der Brotlaib
die Gitarrensaite	sie ist nett und freundlich
die Buchseite	die Bestätigung
auf etwas bestehen	an der Kreuzung auf Grün warten
einen Baum fällen	sich die Nase schnäuzen
auf Gerechtigkeit hoffen	sich an jemandem rächen

95

Über die Natur wissen wir im Allgemeinen ja ganz gut Bescheid. Warum donnert es? Warum schneit es? Das lernen wir schon in der Schule. Daher wissen wir, dass es keine Schnee- oder Donnergeister gibt, sondern dass hinter Schnee und Donner niemand anderes steckt als die Natur. Die alten Griechen wussten das noch nicht ganz so genau. Hinter Donner und Schnee, dachten sie, steckt bestimmt ein Gott. Aber es donnert ja nicht nur, sondern es regnet auch noch, blitzt, stürmt, es gibt Tag und Nacht, Kälte und Wärme. Kaum auszudenken, dass jemand die Zeit hat, sich um all das gleichzeitig zu kümmern. So was schafft nicht einmal ein Gott. Um die ganze Natur ständig in Gang zu halten, muss es schon mehrere Götter geben. So stellten die Griechen sich das vor, und so kam es, dass es im Olymp, im Himmel über Griechenland, vor Göttern nur so wimmelte. So viele Götter auf einmal, das kann natürlich nicht immer gut gehen. Tatsächlich gab es im Olymp ständig Zank und Streit. Aber die Götter haben auch viele aufregende Abenteuer erlebt und sich bestens amüsiert. Und selbst ihr Streit war nicht so langweilig wie unsere Zänkereien. Wenn die griechischen Götter stritten, dann erzitterten Himmel und Erde und die Menschen zogen die Köpfe ein. Kein Wunder, dass es auch heute noch, nach all den Jahrtausenden, kaum spannendere Geschichten gibt als die griechischen Sagen.
Natürlich erzählen die griechischen Sagen nicht nur von Göttern. In den Sagen geht es auch um die Abenteuer der Menschen. Aber immer sind es unsterbliche Geschichten. Dafür haben die Götter schon gesorgt …

Hermann Stange / Katharina Grossmann-Hensel: Zeus, Herkules und Co. Griechische Götter, Helden und Abenteuer. Wien: Annette Betz Verlag 2009, S. 3 u. 4

96

das **H**uhn	der **M**ann	die **T**rainerin
ein **F**enster	die **I**dee	ein **T**raum
eine **L**/**R**ampe	die **F**reundin	die **A**ngst
die **F**reude	die **S**/**W**/**T**onne	der **W**/**P**unsch
die **H**äuser	die **S**orgen	die **T**/**F**/**N**ische
die **B**/**T**ücher	die **P**flanzen	die **G**efühle
die **P**ölster	die **K**ugeln	die **V**ersuche

97

die neue Klasse	schwierige Probleme lösen	durch die Stadt schlendern
das alte Haus	witzige Comics kaufen	viele Dinge sehen
eine schöne Tasche	das Spiel gewinnen	die rote Tasche kaufen
der alte Sessel	unter die Dusche gehen	ein überraschendes Tor
neue Dinge ausprobieren	ins kalte Wasser springen	das entscheidende Spiel

98 der Tanz, die Ruhe, das Feuer, das Heft, die Frau, das Dach, der Mann, das Dorf

99

1 Der Neue Pool ist voller kaltem Wasser.
2 Der Trainingsraum roch nach Muffigen Gummistiefeln.
3 Im Urlaub habe ich viele Neue Dinge gesehen.
4 Dieses Buch handelt von den griechischen Göttern und Göttinnen.
5 Woher kennst du alle diese witzigen Menschen?
6 Mirko probierte den blauen Anzug in der Engen Umkleidekabine.
7 Sie suchten nach den alten Münzen.
8 Die Bücher stehen dort Oben.

Lösungswort: NOMEN

100

das Wachstum	die Feindschaft	die Schönheit
die Freiheit	der Reichtum	das Brauchtum
die Verschmutzung	das Eigentum	die Nahrung
die Ungerechtigkeit	die Anstrengung	die Wohnung
das Verhältnis	die Rechnung	das Zeugnis
die Erklärung	die Sauberkeit	die Heizung
die Erholung	die Begrüßung	das Erlebnis
die Wissenschaft	das Hindernis	die Heiterkeit
die Offenheit	die Beziehung	die Partnerschaft
die Verbesserung	die Mitgliedschaft	die Trockenheit
das Ergebnis	die Besorgung	das Ärgernis
die Fähigkeit	die Wirkung	die Reinigung
die Fröhlichkeit	die Werbung	die Enttäuschung

101

die Trägheit	die Spannung	die Bosheit
die Sauberkeit	die Tapferkeit	die Gefangenschaft
die Müdigkeit	die Berufung	die Frechheit
die Enttäuschung	die Rechnung	die Süßigkeit
die Ersparnis	das Wachstum	die Anstrengung
die Wohnung	das Hindernis	das Erlebnis
die Erklärung	das Ereignis	die Heiterkeit

102

die Enttäusch**ung**	die Süßig**keit**
die Verwandt**schaft**	die Frei**heit**
das Zeug**nis**	das Erleb**nis**
das Brauch**tum**	das Hinder**nis**
die Wissen**schaft**	die Unsicher**heit**
die Zufrieden**heit**	die Verzweifl**ung**
die Rechn**ung**	die Schön**heit**

103

1 Ich kann deine **Enttäuschung** gut verstehen. Du hast dich auf dieses **Ereignis** schon sehr gefreut.

2 Mit großer **Anstrengung** beendete ich das Turnier.

3 Sie meisterte die Aufgabe zur vollsten **Zufriedenheit**.

4 Das Pferd sprang elegant über das **Hindernis**.

5 Die witzige **Begrüßung** der Moderatorin sorgte für **Heiterkeit**.

6 Bitte achten Sie auf die **Sauberkeit** der Sitze. Die **Reinigung** ist sehr teuer.

7 Ich bin heuer mit den Noten in meinem **Zeugnis** recht zufrieden.

104

1 Wir fahren im Sommer meistens zu meiner Oma **auf Urlaub**.

2 Der Mann stolperte über den Hund. Ein Passant kam ihm **zu Hilfe**.

3 Die Schuhe sind zwar unbequem, aber so schön, dass ich das **in Kauf** nehme.

4 Wann wirst du denn heute am Abend **zu Hause/zuhause** sein?

5 Oh, schade. Die Serie geht morgen **zu Ende**.

6 Hm, was liegt seinem seltsamen Verhalten wohl **zu Grunde/zugrunde**?

7 Nein, sicherlich nicht! Das kommt nicht **in Frage/infrage**.

8 Das Gesetz trat am 16.3.2020 **in Kraft**.

9 Bis bald, **auf Wiedersehen**!

10 Romeo und Julia wollten einander **aus Liebe** in den Tod folgen.

11 Die Verhandlungen sind schwierig, denn **auf Seiten/aufseiten** der Partei ABC gibt es große Zweifel, dass das Projekt gelingen wird.

12 Ja, das können wir machen. Das ist **in Ordnung**.

13 Fährst du mit dem Rad oder gehst du **zu Fuß**?

105

die Großstadt
die Laufstrecke
das Rechenbeispiel
der Kochtopf
die Fahrschule
der Schreibtisch
der Faulpelz
die Hintertür
der Spürhund
der Gehstock

die Langhantel
das Zusammenspiel
der Flugdrache
der Spielfilm
die Rennstrecke
das Fahrrad
die Nebenrolle
das Suchrätsel
die Waschmaschine
die Schnellbahn

106

1 Das **L**ernen der Vokabeln finde ich eigentlich ganz interessant.
2 Dein fieses **G**rinsen kenne ich schon!
3 Lina ist beim **K**ochen wirklich unschlagbar.
4 Oh je, dieses **J**aulen hält auch nur meine Schwester für schönes **S**ingen!
5 Es ist zum **H**eulen, mir ist beim **S**tricken schon wieder ein Fehler im Muster passiert.
6 Dieses Produkt enthält Kohlensäure, bitte heftiges **S**chütteln vermeiden.
7 Mein Vater genießt das **S**pielen am Piano.
8 Lukas und Linus brechen in lautes **L**achen aus.
9 Umrat blickt mit einem verzückten **L**ächeln auf das Foto.
10 Max ist das **T**rainieren im Schwimmbad sehr wichtig.
11 Ich kann mich noch genau an dieses **K**ratzen an der Tür erinnern. Es war gruselig.

107

1 Das **Lenken** von Mopeds ist nur mit Führerschein gestattet.
2 Vokabeln lernt man am besten durch **Wiederholen**.
3 Ottilie kommt trotz ihrer 90 Jahre noch regelmäßig zum **Trainieren**.
4 Gestern haben wir im Judokurs das **Abrollen** über die Schulter geübt.
5 Wir bitten, das **Beschmieren** der Wände zu unterlassen.
6 Bei uns im Haus ist das **Halten** von Tieren leider verboten.
7 Der Unfall ist beim **Schwimmen** in der Donau passiert.
8 Das **Fotografieren** von schönen Landschaften macht Ella großen Spaß.
9 Also wirklich, musst du mich immer beim **Lesen** stören?
10 Wir brauchen noch zwei Leute fürs **Tragen** der Tische.

108

Beim **L**esen muss man darauf achten, genau den Sinn zu erfassen. Dieses **E**rfassen kann schwierig werden. Manche **s**chreiben sehr kompliziert. Vom komplizierten **S**chreiben spricht man, wenn folgende Merkmale vorhanden sind:

1. Die Sätze sind unnötig lang. Das **F**ormulieren von sehr langen Sätzen macht es schwieriger, ihren Sinn zu **e**rfassen.
2. Der Text enthält viele Fremdwörter. Das **V**erwenden von Fremdwörtern macht Texte schwieriger zu **l**esen. Oft braucht man dann zum **L**esen ein gedrucktes Wörterbuch oder ein Onlinewörterbuch. Das **N**achschlagen braucht Zeit. Wenn man **n**achschlägt, denkt man an etwas anderes. Es kann sein, dass man wieder von weiter vorne zu **l**esen beginnen muss, damit man sich wieder an alles **e**rinnert.

109

1 Milena will von ihren Verwandten bei der Begrüßung nicht geküsst werden. Sie hasst das **Geküsstwerden**.

2 Den Hund seiner Kusine zu hüten, macht Leon große Freude. Leon hat beim **Hundehüten** viel Spaß.

3 Karim kann super Tennis spielen. Beim **Tennisspielen** ist Karim einfach genial.

4 Lass uns doch ein bisschen Fahrrad fahren! Ja, aufs **Fahrradfahren** habe ich jetzt auch Lust.

5 Meine Eltern wollen am Wochenende immer wandern gehen. Mir macht das **Wanderngehen** nicht so viel Freude.

6 Meine Haare zu waschen, finde ich ein bisschen mühsam. Das **Haarewaschen** muss daher immer besonders schnell gehen.

7 Mathe ist toll! Ich mag das **Rechnenlernen** echt gern.

110

1 Boot fahren: beim Bootfahren

2 einkaufen gehen: das Einkaufengehen

3 Urlaub buchen: beim Urlaubbuchen

4 Hausübung machen: fürs Hausübungmachen

5 Computer spielen: das Computerspielen

6 schlafen gehen: beim Schlafengehen

7 gefangen werden: beim Gefangenwerden

111

1 Das Zusammenfassen der Texte machte Irina Spaß.

2 Beim Computerspielen ist Jeremy fast unschlagbar.

3 Wir brauchen zum Einkaufengehen noch eine Tasche.

4 Psst! Ich brauche Ruhe zum Hausübungmachen.

5 Beim Bootfahren griff uns ein Hai an.

6 Seien Sie beim Urlaubbuchen im Internet vorsichtig.

7 Viele Tiere stellen sich beim Gefangenwerden tot.

8 Ich habe mir vor dem Schlafengehen einen Zeh angestoßen.

112

1 Die ganze Schule steht **kopf** wegen des bevorstehenden Auftritts der Band.

2 Melvin tut seine freche Antwort sehr **leid**.

3 Der Verdächtige hielt allen Verhörmethoden **stand**.

4 Wann laufen wir endlich wieder **eis**? Der Teich ist schon zugefroren.

5 Wo genau findet das Konzert **statt**?

6 Ich bin müde, ich gehe jetzt **heim**.

7 Nimmst du an dem Wettbewerb auch **teil**?

8 Ich habe getrödelt, aber diese Zeit mache ich wieder **wett**.

9 Wir sind erst gegen 21 Uhr **heim**gegangen.

10 Uns hat der kleine Welpe sehr **leid**getan.

11 Hat das Zelt dem Sturm **stand**gehalten?

12 Als ich im Internat war, bin ich jedes Wochenende **heim**gefahren.

13 Wann bist du zum letzten Mal **eis**gelaufen?

14 Ich habe nicht gewusst, dass das Konzert schon **statt**gefunden hat.

15 Sie hat ihren Rückstand beim Rennen wieder **wett**gemacht.

113

Infinitiv	Beugung mit „er / sie / es"
stattfinden	es **findet statt**
heimfahren	sie / er **fährt heim**
kopfstehen	er steht kopf
wettmachen	sie macht wett
leidtun	ihr / ihm **tut** es **leid**
eislaufen	er läuft eis
teilnehmen	sie / er **nimmt teil**
standhalten	es hält stand

114

1 Das Lesefest findet auf jeden Fall statt, denn das Bücher lesen ist uns allen wichtig.
…, denn das **Bücherlesen** ist uns …

2 Beim Gitarrespielen ist Ben ganz in seinem Element. Das Fußball spielen ist nicht so seine Sache und zum Bücherlesen nimmt er sich wenig Zeit.
… Das **Fußballspielen** ist …

3 Wenn du beim wettlesen teilnehmen willst, kannst du dich bei mir anmelden.
Wenn du beim **Wettlesen** teilnehmen …

4 Im Winter laufe ich gerne eis, im Sommer liebe ich das Tennis spielen.
…, im Sommer liebe ich das **Tennisspielen**.

5 So eine Hektik! Die ganze Familie steht vor der Abfahrt in den Urlaub Kopf.
… Die ganze Familie steht vor der Abfahrt in den Urlaub **kopf**.

6 Lara und Eva proben fleißig ihe Lieder, weil nächste Woche ein Gesangswettbewerb Stattfindet.
… ein Gesangswettbewerb **stattfindet**.

115

1 Tim hat in seinem Kleiderkasten viel **R**otes.
2 Es hat sich nichts verändert. Alles ist beim **A**lten geblieben.
3 Eleonoras Kostüm für das Stück ist in blassem **R**osa gehalten.
4 Was bringst du uns heute **S**chönes?
5 Das ist ja das **S**chlimme, dass ihn alle immer für den Braven halten!
6 Das **B**este kommt bekanntlich zum Schluss.
7 In Märchen geschieht oft allerlei **G**rausames.
8 Würze bitte wenig. Mein Magen verträgt das **S**charfe nicht.
9 Sie teilten das **W**enige gerecht untereinander auf.
10 Wir erhoffen uns etwas **B**esonderes.

116

1 Kerstin sieht das **Gute** in allen Dingen. Was sieht Kerstin in allen Dingen?
2 Warte, jetzt kommt noch das **Beste**! Was kommt noch?
3 Ich finde, das ist ein sehr düsteres **Braun**. Was ist das?
4 Wir haben über sie schon viel **Interessantes** gehört. Was haben wir über sie gehört?
5 Was liest du denn da **Spannendes**? Was liest du denn da?
6 Alle mal herhören! Es gibt etwas **Neues** zu berichten. Was gibt es zu berichten?
7 Meine Katze Lora ist wirklich etwas **Besonderes**. Was ist meine Katze Lora?
8 Ich habe heute im Internet einiges **Erstaunliche** gelesen. Was habe ich gelesen?
9 Ob da viel **Wahres** dabei war? Was war dabei?

Bitte umblättern! ↰

10 Meine Schwester hat von ihrem Vorstellungsgespräch **Aufregendes** zu berichten. Was hat meine Schwester zu berichten?

11 Ihr habt gemeinsam allerlei **Witziges** auf die Bühne gebracht. Was habt ihr gemeinsam auf die Bühne gebracht?

12 Was ist an diesem Gerät das **Spezielle**? (Die Frage funktioniert bei Fragesätzen nicht immer gut. Aber das Signalwort zeigt dir eindeutig, dass du großschreiben musst. → Artikelprobe)

13 Im Winter sieht man so viel **Graues/Grau**, ich musste heute unbedingt einen Schal in kräftigem **Türkis** kaufen. Was sieht man im Winter? Ich musste einen Schal in was kaufen?

14 Über dieses Videospiel kann ich leider nichts **Positives** sagen. Was kann ich über dieses Videospiel sagen?

117
1 das klapprige Fahrrad
2 der lange Fingernagel
3 der neue Tischtennistisch
4 der spannende Film
5 die schnelle Musik
6 das wöchentliche Training
7 das süße Gebäck

118 Dieser ~~süße, alte~~ Teddy muss unbedingt erhalten bleiben. Meine ~~strenge, ordnungsliebende~~ Mutter meint, der ~~alte~~ Staubfänger solle für immer auf einer ~~stinkenden~~ Müllhalde verrotten. Aber wie lange braucht ein ~~schnuckeliger~~ Plüschteddy eigentlich, um auf einer Müllhalde zu verrotten? Stopp! Solche furchtbaren Gedanken will ich gar nicht in mein ~~edles~~ Gehirn lassen. Dafür sind diese ~~intelligenten~~ Windungen viel zu empfindsam. Der ~~kleine~~ Fellfreund wird gewaschen, aber weggeworfen? Nie und nimmer!

119
1 das **Wiener** Riesenrad
2 die **spanische** Sprache
3 der **Londoner** Tower
4 die **Kärntner** Kasnudeln
5 das **Tiroler** Schigebiet
6 der **italienische** Sänger
7 die **russische** Puppe
8 der **ungarische** Paprika
9 das **chinesische** Getränk
10 der **amerikanische** Traum
11 der **Schweizer** Käse
12 die **österreichische** Popmusik

120
1 Lass uns doch am **M**ittwochabend ins Kino gehen!
2 Das Training findet immer **d**ienstags und **d**onnerstags statt.
3 Wo war der Verdächtige **g**estern **N**acht um drei Uhr?
4 Ich freue mich, dass wir **ü**bermorgen in die Berge fahren werden.
5 Ja, das verstehe ich. Trotzdem ist mir der **M**orgen noch lieber. Ich stehe um 5 Uhr in der **F**rüh auf.
6 Was hast du eigentlich am **S**amstagnachmittag vor?
7 Am **S**amstag werde ich am **N**achmittag Tennis spielen gehen.
8 Als, **h**eute **f**rüh/**F**rüh war ich so müde, ich dachte, ich würde bis zum **A**bend im Bett bleiben.
9 Kein Wunder, **g**estern **A**bend hast du lange gelesen, wie du das **a**bends oft tust.

121   1   Sehr geehrte Frau Kofler! Ich danke **Ihnen** für **Ihr** Schreiben.

2   Haben **Sie** meine Bestellung schon geliefert?

3   Darf ich **Ihnen** helfen?

4   Könnten **Sie** bitte ein bisschen Platz machen?

5   Haben **Sie** kurz Zeit?

6   Ist das **Ihre** Tasche?

7   Wo haben **Sie** denn **Ihren** Hund zuletzt gesehen?

8   Ich möchte mich bei **Ihnen** entschuldigen und bitte **Sie** um Verzeihung.

9   Bitte beachten **Sie**: Wir möchten **Ihnen** mitteilen, dass die Teilnahme **Ihrer** Tochter am Schikurs von **Ihnen** als Erziehungsberechtigte bestätigt werden muss.

122   Was haben **Sie** sich denn dabei gedacht, als **Sie Ihren** Hunden das Fell pink gefärbt haben? War **Ihnen** denn nicht klar, dass **Sie ihnen** damit vielleicht Schaden zufügen? Immerhin enthält Haarfarbe viel Chemie, das müssten **Sie** doch wissen. Sehen **Sie** hier! Die Augen **Ihrer** Hunde haben sich entzündet. Ich denke, dass **Sie** das durch das Färbemittel verursacht haben. Geben **Sie Ihren** Hunden zweimal täglich diese Tropfen in die Augen. Lassen **Sie sie** in den nächsten Tagen nicht zu viel miteinander spielen, bis **Sie** sicher sein können, dass **sie** gesund sind.

123   1   das **P**ferd satteln

2   viel **U**nsinn reden

3   aus **L**iebe handeln

4   die **n**eue **U**hr vorführen

5   das **h**elle **K**leid probieren

6   den **a**lten **S**tuhl lackieren

7   das **H**indernis überwinden

8   **G**erechtigkeit verlangen

9   Wir fahren bald auf **U**rlaub.

10   Das kommt überhaupt nicht **i**nfrage/in **F**rage.

11   Sie eilt dem verletzten Igel zu **H**ilfe.

12   Diesen Nachteil nehme ich in **K**auf.

13   Lass uns doch eine **n**eue **L**aufstrecke ausprobieren.

14   Der **K**ühlschrank ist kaputt.

15   Kannst du bitte weniger **l**aut **s**ingen? Mich stört **l**autes **S**ingen.

16   Meine Eltern haben sich beim **T**anzen kennengelernt.

17   Sie gehen immer noch gerne **t**anzen.

18   Mir macht das **T**anzenlernen keinen Spaß.

19   Im **S**chönschreiben bist du Meister, oder?

20   Es tut mir **l**eid, dass ich das gesagt habe.

21   Wann findet das Konzert **s**tatt?

22   Ich finde das unfair: Alle halten ihn für den **B**raven.

23   Dir steht **d**unkles **B**lau sehr gut.

24   An diesem Buch gefällt mir das **R**omantische und **F**antasievolle.

25   Diese **g**rüne, **h**ohe **P**flanze dort drüben hätte ich gerne, bitte.

26   Heute sehe ich alles **r**osarot. Ich bin wirklich sehr verliebt.

27   Hältst du zum **ö**sterreichischen oder zum **t**ürkischen Team?

28   Ich mag die **o**berösterreichischen Seen.

Bitte umblättern! ↷

29 Ich mag die **T**iroler Alpen.

30 Treffen wir uns **m**orgen **A**bend gegen 17 Uhr?

31 Ich habe **h**eute **f**rüh/**F**rüh verschlafen.

32 Kommst du **D**onnerstagnachmittag mit?

33 Nein. Ich habe **d**onnerstags immer Training.

34 Sehr geehrte Redaktion! Ich erlaube **m**ir, im Anhang einen Leserbrief an **S**ie zu schicken. Wenn **e**r in einer Ausgabe **I**hrer Zeitschrift erscheinen würde, wäre ich **I**hnen sehr dankbar.

124 Durch die Untersuchung von Dinosaurierknochen können Wissenschaftler herausfinden, wie die Dinosaurier vor Millionen von Jahren ausgesehen haben und wie sie sich bewegt haben.
Der Erste, der Dinosaurier als Gruppe einer uralten Tierart erkannt hat, war der englische Wissenschaftler Richard Owen im Jahr 1842. Er kam auf den Namen Dinosauria, was furchterregende Eidechsen bedeutet. Damals hatten Wissenschaftler die Fossilien von nur drei Dinosaurierarten gefunden. [...] Heute kennen wir schon über 500 verschiedene Arten mit Namen. Und es gilt noch Hunderte von weiteren Gruppen zu entdecken.
Dinosaurier werden häufig nach ihrem Fundort, der Person, die am Fund beteiligt war, oder einem bestimmten Körpermerkmal benannt. Ihr Name setzt sich meistens aus zwei griechischen oder lateinischen Wörtern oder einer Kombination beider zusammen. Der Wissenschaftler, der den Dracorex hogwartsia gefunden hat, hat ihn jedoch nach Harry Potter benannt.

James Doyle (Übers.: Johanna Ellsworth): Warum merke ich nicht, dass die Erde sich dreht? Und andere spannende Fragen aus der Naturwissenschaft. München: Knesebeck Verlag 2019, S. 12–14

125 1 neue, saubere Schuhe

2 gepflegte, manikürte Fingernägel

3 Kaufst du bitte Semmeln, Eier, grünen Salat und roten Paprika?

4 Wir sangen, tanzten und aßen Torte.

5 Wir waren einkaufen, Eis essen, im Park und zum Schluss im Kino.

6 Äpfel, Birnen, Bananen und Orangen sind Obstsorten.

7 Mein kleiner Bruder ist allergisch gegen Gluten, Laktose und Nüsse.

8 Ich verehre, liebe und bewundere diese geniale Sängerin.

9 Mein kleiner Kater schmust gern, liebt sein Fressen und ein gutes Schläfchen.

10 Wir müssen uns auf föhnige, heftige Stürme, wiederkehrende Regenschauer und warme Temperaturen einstellen.

11 Sie tauschten zärtliche Blicke, hielten heimlich Händchen und waren ganz aufeinander konzentriert.

12 Bitte holt noch den schwarzen Tisch, die weißen Klappstühle und die quadratischen Tischtücher.

13 Lea faltet die Servietten, deckt den Tisch und ruft zum Essen.

126 Auf unserer Radtour durchquerten wir die Orte Scharnberg, Koderbach, Wellenruh und Loderburg. Wir besichtigten das Heimatmuseum in Scharnberg, bestiegen den hohen Kirchturm in Koderbach und schwammen in der warmen Quelle in Wellenruh. In Loderburg konnten wir uns im Schloss als Burgfräulein, Ritter, Knappe oder Henker verkleiden. Zu Hause angekommen klagten fast alle über Muskelkater, Sonnenbrand, Gelsenstiche und großen Hunger. Trotzdem war der Tag sehr schön, bereichernd und witzig!

127   1   biologisch gedüngtes, selbst gepflanztes Gemüse

2   frisch gebackene, gezuckerte Krapfen

3   der einstimmig gewählte Kandidat

4   das alte, frisch renovierte Bauernhaus

5   die riesigen, originell beschrifteten Plakate

6   unsere frisch duftenden, exakt gebügelten Hemden

7   dein cool gefärbtes, kurz geschnittenes Haar

128   1   Wir suchten Zweige, Blüten **und/oder** Blätter, **aber/doch/jedoch** keine Steine.

2   Du kannst gut singen, zeichnen **und** Tennis spielen, **aber/doch/jedoch** nicht schwimmen.

3   Wir sollen nicht rennen, laufen, springen, **sondern** gehen.

4   Mein Bruder will Astronaut, Bildhauer **oder** Krankenpfleger werden, **aber** nicht Bankkaufmann.

5   Ich habe an Katrin, Erwin, Ahmed **und** Ayse geschrieben, **aber/doch/jedoch** nicht an Conny.

129   1   Die Kinder tanzten zur Musik, sangen eigene Lieder, aber spielten keine Spiele.

2   Wir fanden viele Muscheln, Steine und Schneckenhäuser, jedoch keine Seesterne.

3   Das hast du nicht nur besonders gut und außerordentlich professionell gemacht, sondern auch sehr witzig.

4   Meine Eltern reisten durch Europa, wanderten in Asien, lebten in Afrika, doch in Amerika waren sie noch nie.

5   Die Kätzchen hatten Hunger, Durst und waren müde, aber sie spielten immer noch.

6   Die Ballerina hatte geübt, geschwitzt, gekämpft, jedoch den Bewerb nicht gewonnen.

7   Du sollst nicht drücken oder quetschen, sondern einfach ziehen.

8   Wir konnten es nicht glauben oder wissen, sondern nur hoffen.

9   Weihnachten feiern wir ruhig, entspannt, aber trotzdem mit viel Spaß.

130   1   Was soll das, Alisa?

2   Oh nein, die teure Vase ist zerbrochen!

3   He, lass mich nicht im Stich!

4   Hallo Marian, wie geht es dir?

5   Simone, warte auf mich!

6   Juhu, mein Los hat gewonnen!

7   Super, Elvin, das hast du toll gemacht!

8   Nein, ich habe keine Ahnung!

9   Bitte, bleiben Sie doch kurz stehen!

10   Stopp, so geht das nicht.

11   Ich sende dir, mein süßer Schatz, einen Liebesgruß.

12   Oh, wie lieb!

13   Ich könnte zerspringen vor Freude, juhu!

131
1 Guten Morgen, Herr Lehner!
2 Hallo Susanne, hast du kurz Zeit?
3 Halt, Ahmed, höre sofort auf damit!
4 Heute will ich dir, liebe Mara, einmal ein großes Danke sagen.
5 Ach, wie schade!
6 Nun, das ist ja wieder mal typisch!
7 Leute, alle mal herhören!
8 Kannst du mir bitte helfen, Elvira?
9 Oh, das tut mir aber leid!
10 Ui, schau mal!
11 Hier bekommst du, meine flotte Biene, einen Blumenstrauß!
12 Mein Herz brennt, Geliebter, nur für dich!
13 Oh, was für ein Kitsch!
14 Nein, das stimmt nicht!
15 Wie recht du hast, Peter!
16 Larissa, komm bitte sofort her!
17 Tja, wenn das alles ist, was du mir zu sagen hast, dann gehe ich jetzt.

132
1 Elvira und Tanja gehen zum Training **und** später lernen sie für den Test.
2 Das Haus wird gestrichen, **denn** die Farbe ist abgeblättert.
3 Das Wetter ist schlecht, **doch** wir gehen trotzdem wandern.
4 Ich halte in diesem Film nicht nur die Handlung für gut, **sondern** ich bin auch von den Schauspielern begeistert.
5 Wir bitten Elena zu Weihnachten immer um Kekse, **denn** sie backt besonders gut.
6 Ich streite nicht gern, **aber** ich teile deine Meinung zu dem Thema leider nicht.

133 Die Personalformen sind grau unterlegt.
1 Wir gehen spazieren, **denn** die Sonne scheint vom Himmel.
2 Die Burschen trainieren in Halle A **und** die Mädchen trainieren in Halle B.
3 Das Schulgebäude ist leer, **denn** es sind Ferien.
4 Simon und Lea spielen gerne miteinander Karten, **doch** Simon verliert fast immer.
5 Wir waren gestern einkaufen, **aber** wir haben nichts Passendes gefunden.
6 Wir schmücken den Christbaum mit Kugeln **oder** wir kaufen neue Lichtschlangen.
7 Die ganze Gruppe ging wandern **und** auch alle Lehrkräfte waren dabei.
8 Die Burschen mussten nicht kochen, **sondern** waren für den Abwasch eingeteilt.
9 Miriam verpasste das Sommerfest, **denn** sie war bei ihrer Schwester in Madrid.
10 Tom mag keinen Lärm **und** daher bittet er uns um Ruhe.

134
1 Wir wollen entweder schwimmen gehen(,) **oder** Fußball spielen.
2 Ich habe alle Freundinnen und Freunde eingeladen(,) **und** auch die Nachbarn werden kommen.
3 Wir haben das Zimmer nicht nur aufgeräumt, **sondern** wir haben auch die Fenster geputzt.
4 Ich finde den Film nicht gut, **aber** ich begleite dich dennoch ins Kino.
5 Omar besorgt schnell noch frisches Brot, **denn** das Mittagessen ist bald fertig.
6 Sara bekommt eine Medaille, **denn** sie hat das Rennen gewonnen.
7 Du musst unbedingt noch Ricki anrufen(,) **und** Mehmed müssen wir auch informieren.

135
1. Der Verdächtige behauptet, **dass** er nicht am Tatort war.
2. Die Kommissarin kann ihn freilassen, **wenn** er ein Alibi hat.
3. Der Mann wurde festgenommen, **weil** er ein Tatmotiv hat.
4. Er wurde in der Nähe des Vorfalls gesehen, **als** die Tat begangen wurde.
5. Sein Name bleibt geheim, **weil** seine Unschuld vermutet wird.
6. Meine Freundin besuchte mich, **als** ich im Krankenhaus war.
7. Sie brachte mir Bücher, **weil** ich lesen wollte.
8. Ich glaubte fest daran, **dass** ich bald gesund werden würde.
9. Meine Freundin tröstete mich, **wenn** ich traurig war.
10. Ich bin sehr froh, **dass** ich so auf sie zählen kann.

136 Die Personalformen sind grau unterlegt.
1. Du erzählst Lina nichts von der **Sache**, **wenn** du mir helfen willst. Sie weiß noch **nicht**, **dass** ich eine Überraschungsparty plane. Meine Schwester hat sich voriges Jahr sehr **gefreut**, **als** wir sie damit überrascht haben. Du musst verschwiegen **bleiben**, **weil** du sonst den ganzen Spaß ruinierst.
2. Das ist doch **klar**, **dass** ich darüber schweigen werde. Ich freue **mich**, **wenn** ich dir helfen kann. Ich kann mich noch daran **erinnern**, **als** wir deine Schwester mit einem Lied empfangen haben. Ich helfe dir gerne **beim Vorbereiten**, **weil** ich Überraschungen liebe.

137
1. Die Milch wird anbrennen, **wenn** du nicht umrührst.
2. Die Haustür war verschlossen, **als** ich ankam.
3. Er meinte, **dass** er zum Training kommen werde.
4. Helene kauft Wolle, **weil** sie einen Pulli stricken will.
5. Wir zogen in eine neue Stadt, **als** ich gerade fünf Jahre alt geworden war.
6. Mir gefiel die neue Umgebung, **weil** ich nette Freunde fand.
7. Theos Laune wird sich bessern, **wenn** er die Aufnahme ins Team geschafft hat.
8. Meine Tante behauptet, **dass** meine Schwester ein braves Baby war.
9. Irina war sieben, **als** ihr kleiner Bruder geboren wurde.
10. Jameel kommt spät nach Hause, **wenn/weil** er nachmittags Training hat.
11. Corinna hat erzählt, **dass** ihre Katze sieben Kätzchen bekommen hat.
12. Die Diebe verkauften das Auto, **als/weil** sie dringend Geld brauchten.
13. Ich kann gut mit Hunden umgehen, **weil** ich Geduld und Durchsetzungskraft habe.

138
1. **Wenn** wir das Laub **rechen**, bringt mein Vater uns später ins Hallenbad.
2. **Als** ich drei Jahre alt **war**, hatte ich die Masern.
3. **Dass** du mich **besuchst**, freut mich sehr.
4. **Weil** du mein bester Freund **bist**, leihe ich dir mein neues Rad.
5. **Als** du gestern bei uns **warst**, hast du die Vase im Vorraum zerbrochen.
6. **Dass** dir das sehr **leidtut**, wissen meine Eltern genau.
7. **Wenn** du dich **entschuldigst**, ist die Sache erledigt.
8. **Weil** sie dich sehr **mögen**, brauchst du keine Angst zu haben.

139　1　Mein Vater bringt uns später ins Hallenbad, wenn **wir das Laub rechen**.

　　　2　Ich hatte Masern, als **ich drei Jahre alt war**.

　　　3　Es freut mich sehr, dass **du mich besuchst**.

　　　4　Ich leihe dir mein neues Rad, **weil du mein bester Freund bist**.

　　　5　Du hast **die Vase im Vorraum zerbrochen, als du gestern bei uns warst**.

　　　6　Meine Eltern wissen **genau, dass dir das sehr leid tut**.

140　1　Pamela, Luise und Tanja machen mit.

　　　2　Hallo Jenny, bist du bei uns in der Gruppe?

　　　3　Wo ist denn meine frisch gewaschene Hose?

　　　4　Oh, das ist aber ein schönes Bild.

　　　5　Meine Katze liebt Bälle, Schachteln und Taschen, aber keine Schuhe.

　　　6　Die hohen, grünen Bäume wiegten sich im sanften, warmen Wind.

　　　7　Töpfe, Teller, Pfannen, Besteck – wir haben alles eingepackt.

　　　8　Peter, denk auch an die neu gekauften, rot getupften Tischtücher.

　　　9　Wir spendeten keine Tücher oder Decken, sondern Jacken.

　　10　Ist gut, Isabella, ich kümmere mich darum.

　　11　He, wieso hast du mein Fahrrad umgestoßen?

　　12　Moment mal, Leonie, das war ich nicht!

　　13　Marian, Ahmed, Kira und Tom machen mit, doch Mirela nicht.

　　14　Ha, das glaubst du doch selbst nicht!

　　15　Stopp, Leonie und Danilo, hört auf zu streiten!

　　16　Ach, riechst du auch diesen angenehmen, zarten, süßlichen Duft?

　　17　Nach der Schule war ich noch einkaufen, bei Susanne, bei meiner Oma und abends mit meiner Schwester beim Gesangsunterricht.

141　1　Wenn du mir das Geheimnis verrätst, hast du etwas gut bei mir.

　　　2　Dass ich so unehrlich bin, glaubst du doch nicht wirklich!

　　　3　Meine Schwester studiert Mathematik, ich finde das Fach auch spannend.

　　　4　Ich möchte später Krankenpfleger werden oder ich gründe eine Bienenzucht.

　　　5　Wenn du das tust, bin ich gerne dabei.

　　　6　Tamara kommt heute nochmal vorbei, weil sie ihre Tasche vergessen hat.

　　　7　Erwin und Erkan wollten eigentlich nicht streiten, aber sie konnten es nicht verhindern.

　　　8　Das passiert ihnen öfter, doch trotzdem sind sie gute Freunde.

　　　9　Wir müssen jetzt aufhören, denn es ist schon sehr spät.

　　10　Omar war noch sehr klein, als seine Eltern mit ihm nach Österreich kamen.

　　11　Lilian, Piotr und Ilan sind im Team und auch Jakob ist dabei.

　　12　Es ist besser, wenn du das mit deinen Eltern besprichst.

　　13　Zum Aufwärmen sollen wir eine Runde laufen oder wir gehen auf das Laufband.

　　14　Mehmed schnappte den Ball und dann übernahm Sana.

　　15　Wir wollten gerade zu unserem Ausflug aufbrechen, als es plötzlich zu regnen begann.

　　16　Miro spielt nicht gut Basketball, aber trotzdem trainiert er jeden Tag.

　　17　Die beiden Freunde essen ein Eis und danach schauen sie sich einen lustigen Film an.

142 Als wir uns gestern Abend trafen, wollten wir einen kleinen Spaziergang machen. Elena, Timo, Luisa, Konrad und ich stapften über die grüne, matschige Wiese. Wir wiesen uns gegenseitig darauf hin, wenn wir eine besonders schöne Blume entdeckten. Wir sahen schöne Blüten, verschiedene Gräser, kleine Insekten und bunte Vögel. Einer von uns, Timo, weiß fast so viel wie ein erwachsener, studierter Experte. Luisa ist oft etwas genervt, weil Timo lange, detailreiche Reden über Pflanzen hält. Dann stellt sie manchmal richtig dumme Fragen, aber Timo bemerkt das nicht. Konrad und Elena kommen gut miteinander aus, deshalb machen wir oft Dinge zu dritt. Ich mag alle meine Freunde, aber sie mögen sich gegenseitig nur zum Teil. Wenn wir alle gemeinsam etwas unternehmen, ist das manchmal ein bisschen schwierig.

143 **Sie kam aus Afrika**

Die seltene Wildkatze, die in unseren Wäldern lebt, sieht einer getigerten Hauskatze oft zum Verwechseln ähnlich. Doch das Aussehen täuscht. Die Europäische Wildkatze ist ein sehr scheues Raubtier und wird nie zahm. Unsere getigerte Hauskatze stammt nicht von ihr ab. Beide sind allerdings miteinander verwandt: Sie haben einen gemeinsamen Vorfahren. Er trägt den komplizierten Namen Pseudaelurus und lebte vor 10 oder 15 Millionen Jahren. Aus dieser ersten Katze entstanden im Laufe der Zeit einige Arten, die längst ausgestorben sind – wie der Säbelzahntiger. Aber eben auch alle Katzen, die heute noch auf der Welt leben – vom Löwen bis zur kleinsten Wildkatze. Aber wann und wieso wurde aus einer dieser Wildkatzen eine Hauskatze?

Spuren an Wänden und Gräbern

In ägyptischen Königsgräbern gibt es Wandzeichnungen von zahmen Katzen, die ein paar Tausend Jahre alt sind. Deshalb kam die in Ägypten heimische Wildkatze in den Verdacht, die Mutter aller Hauskatzen zu sein. Das ist die Nubische Falbkatze. Oder war es vielleicht doch die andere Wildkatze der Region, die Steppenkatze? Oder war es ganz anders? Erst vor ein paar Jahren gelang es Forschern der englischen Universität Oxford, diese Frage endgültig zu klären: Sie sammelten Genproben von 1000 Hauskatzen auf allen Kontinenten der Erde. Das gefundene Erbgut verglichen sie mit der DNA von fünf Unterarten der Wildkatze. Das Ergebnis war eindeutig: Alle, wirklich alle Hauskatzen auf unserer Welt stammen von der Nubischen Falbkatze ab.
[…]

Die Katzen blieben – freiwillig

Vor gut 7000 Jahren, so nimmt man an, lebten bereits die ersten halbzahmen Wildkatzen in den Dörfern. Ganz offensichtlich fanden die Katzen das Zusammenleben mit den Menschen praktisch und bequem und beschlossen zu bleiben. Das macht die Katze zu dem einzigen Haustier, das sich selbst domestiziert hat – also ganz freiwillig und von sich aus das Leben als Wildtier aufgab und zum Haustier wurde.

Jutta Aurahs: Katzen. Flinke Jäger auf Samtpfoten. Nürnberg: Tessloff Verlag 2015, WAS IST WAS, Bd. 59, S. 6 u. 7

1 Wäldern, Begründung: verwandt mit „Wald"
2 längst, Begründung: verwandt mit „lange"
3 Säbelzahntiger, Begründung: die Dehnung wird schriftlich nicht gekennzeichnet
4 Säbelzahntiger, Begründung: die Dehnung wird schriftlich nicht gekennzeichnet
5 Gräbern, Begründung: verwandt mit „Grab"
6 aufgab, Begründung: verwandt mit geben; Dehnung wird schriftlich nicht gekennzeichnet

144 **In allem spitze**

Katzen haben den Körper eines Supersportlers. Die Natur hat ihnen Fähigkeiten mitgegeben, wie sie eigentlich nur Superhelden im Comic haben. Aber was macht den Katzenkörper so besonders?

Beweglichkeit ist alles

Die Wirbelsäule einer Katze ist viel beweglicher als bei uns oder anderen Tieren, weil die einzelnen Wirbel weniger eng miteinander verbunden sind. Deshalb kann sich eine Katze zum Beispiel beim Schlafen einrollen, sich hoch aufrichten oder einen Katzenbuckel machen. […]

Immer im Gleichgewicht

Der lange Schwanz wird beim Spielen, Klettern oder Springen als Balancierstange eingesetzt. Er allein reicht aber nicht, um selbst noch auf einem schwankenden Ast das Gleichgewicht zu halten. Katzen haben einen sehr guten Gleichgewichtssinn. Er wird von einem komplizierten Messorgan in ihrem Ohr gesteuert. […]

Gebiss

Katzen haben ein Raubtiergebiss mit 30 Zähnen. Die langen, gebogenen Eckzähne (Fangzähne) sind perfekt zum Packen und Töten von Beute.

[…]

Schnurr- und Tasthaare

Mit ihren Tasthaaren kann eine Katze auch im Dunkeln „sehen". An der Schnauze spricht man von Schnurrhaaren. Auch an den Hinterseiten ihrer Vorderbeine hat eine Katze Tasthaare zum Fühlen.

Jutta Aurahs: Katzen. Flinke Jäger auf Samtpfoten. Nürnberg: Tessloff Verlag 2015, WAS IST WAS, Bd. 59, S.14

1 beim Schlafen, Begründung: Signalwort beim (bei + dem)

2 zum Töten, Begründung: Signalwort zum (zu + dem)

3 im Dunkeln, Begründung: Signalwort im (in + dem)

145 **Warum muss ich mich eigentlich waschen?**

Hast du schon einmal darüber nachgedacht, was passieren würde, wenn du dich nie mehr waschen würdest?

Du würdest nicht nur stinken, sondern du könntest davon sogar sterben!

Denk mal darüber nach: Dein Körper ist mit ungefähr 2 Quadratmetern Haut bedeckt, in der um die 2,6 Millionen Schweißdrüsen enthalten sind. Außerdem ist deine Haut mit Tausenden winziger Härchen bedeckt. Du schwitzt ständig aus den Schweißdrüsen, die auf deinem ganzen Körper verteilt sind. Auch wenn Schweiß keinen Eigengeruch hat, können Bakterien auf deiner Haut in deinem Schweiß überleben und einen unangenehmen Geruch verströmen. Wenn du dich nicht wäschst, werden deine Haut und deine Haare mit der Zeit von dem vielen Schweiß und Schleim ganz klebrig. Auch Keime leben auf deiner Haut. Normalerweise bedeuten Keime keine ernsthafte Bedrohung für unsere Gesundheit – solange sie auf der Hautoberfläche bleiben. Doch wenn sie in den Blutkreislauf gelangen, sieht die Sache ganz anders aus. Wenn du dich eine Weile nicht waschen würdest, würde deine Haut überall jucken. Dann könntest du dich wie verrückt kratzen. In dem ganzen Schmutz leben auch gefährliche Bakterien, wie zum Beispiel die Staphylokokken. Wenn die durch offene Wunden in deinen Blutkreislauf gelangen, könntest du daran sterben!

James Doyle (Übers.: Johanna Ellsworth): Warum merke ich nicht, dass die Erde sich dreht? Und andere spannende Fragen aus der Naturwissenschaft. München: Knesebeck Verlag 2019, S. 20 u. 21

1 passieren, Begründung: Verb auf -ieren, wie studieren, passieren …

2 Schweißdrüsen, Begründung: Zwielaut vor dem zischend gesprochenen „s"

3 verströmen, Begründung: verwandt mit Strom, Dehnung wird nicht gekennzeichnet

4 wächst, werden … Begründung: Gliedsatz mit Einleitewort „wenn"

5 im ganzen Schmutz, Begründung: Artikel „dem" bezieht sich auf „Schmutz", Weglassprobe

146 Es gab Götter. Es gab Menschen. Und manche waren von beidem ein bi**ss**chen.

So jemand war Achilles – halb Mensch und halb Gott.

Achilles' Mutter war die M**ee**resgöttin Thetis und eigentlich hatte Zeus ein Auge auf Thetis geworfen. Jedoch gab es da eine Weissagung, die Zeus bedenklich stimmte. Thetis nämlich, hieß es, werde einen Sohn gebären, der stärker sein würde als sein Vater. Dass jemand stärker werden könnte als er selbst – so ein Risiko wollte Zeus auf gar keinen Fall eingehen. Auf der Stelle verm**äh**lte er Thetis mit jemand anderem – dem Peleus. Peleus war zwar ein großer Held, aber er war ein Mensch und als Mensch war er sterblich. Thetis bekam wirklich einen Sohn. Und dieser Sohn wurde nicht nur stärker als sein Vater – er wurde stärker als jeder Mann in Griechenland. Thetis' Sohn war Achilles, einer der berühmtesten griechischen Helden. Achilles wurde ein Held, aber er blieb sterblich. Sein Vater war nun mal ein Mensch.

Thetis schien dieser Umstand ziemlich gegrämt zu haben. Wenn ihr Sohn schon kein richtiger Gott und nicht unsterblich war, dann sollte ihn wenigstens kein irdisches Schwert und kein Speer verletzen können. So badete sie ihren kleinen Sohn im Styx, dem Fluss, über den die Toten in die Unterwelt gelangen. Denn das Wasser des Styx macht jeden, der darin badet, unverwundbar. Allerdings konnte Thetis ihr Kind nicht einfach ins Wasser werfen, sonst wäre der kleine Held womöglich ertrunken. Sie musste Achilles festhalten. Sie hielt ihn an der Ferse fest und so gelangte an Achilles' Ferse kein Tropfen vom Wasser des Styx. An dieser Stelle blieb Achilles verwun**d**bar und da traf ihn dann vor Troja auch der tödliche Pfeil. Noch heute nennt man die ungeschützte Stelle eines Menschen: seine Achillesferse.

Hermann Stange/Katharina Grossmann-Hensel: Zeus, Herkules und Co. Griechische Götter, Helden und Abenteuer. Wien: Annette Betz Verlag 2009, S. 13

1 bisschen, Begründung: kurzer Selbstlaut vor zischend/stimmlos gesprochenem s-Laut

2 Meer, Begründung: Länge wird durch doppelten Selbstlaut gekennzeichnet

3 vermählte, Begründung: verwandt mit „Mahl", nicht mit „Mehl"

4 Held, aber, … Begründung: Beistrich vor „aber"

5 verwundbar, Begründung: Verlängerungsprobe → verwunden

3. Auflage (2024)

Auf umweltfreundlichem Papier gedruckt bei: siehe https://produkt.veritas.at/45708#additional
Autorin: Doris Schützeneder
Lektorat: Katrin Hansmann, Klaus Kopinitsch
Bildredaktion: Raffaela Schuster
Umschlaggestaltung und Layout: Kathrin Schager
Herstellung: Sandra Reinhard
Illustrationen: Sven Aring, Paderborn
Satz: Breiner & Breiner, Maria Theresia / Sollenau
Umschlagfoto: stock.adobe.com/Dima

ISBN 978-3-7101-3772-3

Für weitere Informationen steht Ihnen gerne Ihre VERITAS-Kundenberatung zur Verfügung.
Rufen Sie einfach an, schicken Sie ein Fax oder ein E-Mail!
Tel. +43 732 776451 2280, Fax: +43 732 776451 2239
E-Mail: kundenberatung@veritas.at
Besuchen Sie uns auf unserer Website www.veritas.at